AUGUSTINUS

EINE PSYCHOGRAPHIE

VON

DR. MED. BERNHARD LEGEWIE

BONN 1925
A. Marcus & E. Webers Verlag (Dr. jur. Albert Ahn)

Otto Wigand'sche Buchdruckerei G. m. b. H., Leipzig.

Meiner lieben Frau

Vorwort.

Im Vordergrund des wissenschaftlichen Interesses steht in der Psychologie die Persönlichkeit als geschlossenes Ganze, als Einheit, als seelischer Organismus im wahrsten Sinne des Wortes. Das Streben geht auf Herausstellung gemeinsamer Linien, auf Erarbeitung einer Grundtypik hinaus, soweit die Forschung nicht Einzelforschung bleiben soll. Gebieterisch verlangt vor allem die Psychiatrie aus nosologischen Gründen Klärung und Sichtung; doch müssen ihre Bemühungen so lange beschränkt bleiben, als sie den Ausgang vom Pathologischen nehmen. Die normalpsychologische Persönlichkeitsforschung muß wenigstens die nötigen Vergleichsmaße und Parallelen geben können. Nur eine unvoreingenommene psychographische Untersuchung gesunder Persönlichkeiten ohne Rücksicht auf bestehende oder erstrebenswert erscheinende Einordnungs- und Typisierungsversuche, ja ohne Rücksicht auf die Existenz solcher Möglichkeiten überhaupt, kann aber die Voraussetzung hierzu erfüllen. Diese muß sich demnach auch von jeder eine bestimmte Stellungnahme präjudizierenden Ausdrucksweise soweit wie irgend möglich frei halten und ihr Bestreben darein setzen, das Gegebene nach dem unmittelbaren Eindruck unter Benutzung der für psychologische Darstellung so ursprünglichen und reichen Umgangssprache allgemeinverständlich zu entwickeln und herauszuheben. Dadurch entsteht ein unverfälschtes, durch keine Spekulation verdorbenes Bild, das an sich schon die aufgewandte Mühe lohnt und sich später vielleicht bei reichlicher fließendem Material in einen größeren Rahmen fügen läßt.

Die vorliegende psychographische Studie stellt einen Versuch in dem erwähnten Sinne dar. Trotz mancher Bedenken schien mir die Wahl eines bedeutenden Mannes der Kirchengeschichte besonders wertvoll, weil solche Gestalten uns von ihrem Innenleben in reichem Maße Kenntnis zu geben pflegen und innerhalb eines festen Systems scharf umrissene Persönlichkeiten sind. Als selbstverständliche Grundforderung ist dabei zu beachten, daß man ihre Weltanschauung und die daraus entspringenden ethischen Forderungen in der für sie sinnvollen und verpflichtenden Beziehung unter gänzlichem Verzicht auf eigene Stellungnahme gebührend berücksichtigt. Es läßt sich daher natürlich nicht umgehen, religiöse Probleme zu berühren, und wenn es das Verständnis der Persönlichkeit verlangt, gelegentlich auch breiter behandeln zu müssen, als es sonst Sache eines Nichttheologen wäre. Andererseits gewinnt man dadurch den Vorteil, daß eine solche Untersuchung gleichzeitig einen Beitrag zur Religionspsychologie zu liefern vermag.

Herrn Prof. Dr. Engelbert Krebs bin ich für die stets bereitwillige und fördernde Unterstützung und gütige Anteilnahme zu aufrichtigem Dank verpflichtet; ebenso freue ich mich, auch bei dieser Gelegenheit Herrn Dr. Hermann Hofherr für die eifrige Hilfe beim Textstudium herzlich danken zu können.

Freiburg i. Br., im Februar 1925.

Der Verfasser.

Inhaltsverzeichnis.

Seite

Vorwort V

Einleitung 1

Biographischer Abriß 4

I. Die Persönlichkeitsgeschichte Augustins 9
   Übersicht 9
   1. Augustins Reifejahre 10
   2. Jahre der Einkehr und Umkehr 17
   3. Augustin als katholischer Christ, Priester und Bischof 35
   4. Augustin als Kirchenlehrer 54

II. Psychologische Zusammenhänge in den Werken Augustins 69
   1. In den Konfessionen 69
   2. In den Retraktationen 85
   3. In den übrigen Werken 92

III. Augustins Persönlichkeit und ihr Verhältnis zu seiner Tätigkeit und Lehre 95
   1. Allgemeine Gesichtspunkte: ausschließliche Geistesarbeit, philosophische Bestrebungen, Wertphilosophie, Religiosität, Autoritätsbedürfnis, Produktivität 96
   2. Die persönliche Bedingtheit der Lehre Augustins 104
      a) Die Lehre vom Schöpfer 105
      b) Die Lehre vom Geschöpf 109

IV. Persönlichkeitsanalyse Augustins; Grundzüge seiner seelischen Struktur 119
   Schluß: Die Bedeutung Augustins 132

Literaturverzeichnis 133

Einleitung.

Mit einer deskriptiven psychologischen Studie ist uns heute nicht mehr gedient. Die Aneinanderreihung von seelischen Eigenschaften und Eigentümlichkeiten mag einer einfachen Lebensbeschreibung genügen, dem Verständnis eines Menschen bringt sie uns nicht näher. Beim Rückblick auf ein bedeutendes Leben zieht uns vielmehr die Frage nach dem Werden seines Wesens und den Kräften an, die es zu dem gemacht haben, was es ist. Eine genetisch-dynamisch gerichtete Psychologie ist also das Ziel, welches ein Seelenstudium wissenschaftlich und darüber hinaus auch allgemein wertvoll machen kann. Nur so kann es gelingen, ein plastisches, lebenswarmes Persönlichkeitsbild zu erfassen und zur Darstellung zu bringen.

Dadurch wird natürlich der Kreis unserer Wahl enger, da besonders die Menschen, deren Wert vorzüglich auf der überragenden Fähigkeit ihres Verstandes beruht, als Menschen so nüchtern und schwunglos sein können, daß man vergebens nach einer großen Linie, einer inneren machtvollen Entwicklung fahnden wird, so daß es unmöglich ist, daraus ein plastisches Bild zu formen. Gerade aber unsere affektstarken Größen mit ihrem mächtigen Drang zum Leben und zur Tat und zum Gedanken, die uns über dem großen Denker den großen Menschen zeigen, sie sind es, die sich unserer Betrachtungsweise zu liebevollster Behandlung hingeben.

Und wer möchte zweifeln, daß gerade Augustinus in diesem Sinne unsere lebendigste Teilnahme beanspruchen darf. Ist doch allein die Tatsache, daß er Konfessionen und Retraktationen geschrieben hat, etwas so Unerhörtes, daß der psychologisch Interessierte schon deswegen sich gezwungen fühlen muß, dem tieferen Sinn Augustinischen Wesens nachzugehen. Trotzdem ist es auffallend, wie wenig hier — und fast nur von theologischer Seite — vorgearbeitet wurde. Nichtkatholische Forscher haben in Einzelheiten beachtenswerte Ansätze gemacht und vor allem nie den Menschen Augustinus aus dem Auge verloren. Demgegenüber sehen die Katholiken in ihm von vornherein fast nur den großen Theologen, den Dogmatiker und Moralisten, den Mann der kirchlichen Tat und des heiligen Wortes und beachten den Menschen — von der Bekehrung abgesehen — kaum. Es mischt sich hier eine gewisse Scheu vor Behandlung solcher menschlichen Fragen ein, wo offenbar viel größere und höhere Dinge dicht nebenan liegen. Doch glaube ich, wird man Augustin und seinem Werke nur dann voll gerecht, wenn man auch hier ein klares Auge in die Tiefe der menschlichen Seele zu dringen versuchen läßt, wenn man den Versuch macht, die gewaltige Fülle und Kraft seines Wesens zu umfassen und in sich aufzunehmen. Daß trotzdem der katholische Forscher sich hier bis auf Ausnahmen gerne fernhält, hat seinen Grund in einem heimlichen Unbehagen vor diesem Gebiet [1]). Aus dieser Haltung entsteht für Außenstehende leicht der Verdacht, daß der Katholik Forschungen dieser Art nicht treiben soll oder darf, so daß sich I. Mausbach schon veranlaßt sah, dagegen Stellung zu nehmen, wenn er sagt: „Wer die Arbeiten der katholischen Hagiographen von Papebroch bis Delehaye kennt, sollte wissen, daß uns (kath. Theologen) kein Dogma und kein Gesetz verbieten, die Heiligengeschichte vollkommen kritisch zu behandeln" [2]). Die Einschränkung, die in dem „Verbieten" liegt, ist aber doch charakteristisch und von psychologischer Bedeutung für die allgemeine Auffassung in dieser Frage.

Es läßt sich natürlich bei einer solchen Art der psychologischen Betrachtung nicht vermeiden, daß man gelegentlich auch zu der Lehre und damit dogmatisch-moralischen Anschauungen eines kirchlich hervorragenden Mannes Stellung nehmen muß. Und so berechtigt es ist, hier Vorsicht walten zu lassen, so wäre es doch ebenso verkehrt, die Kritik einzuschränken. Aber die vorgenannte Scheu ist fast so alt wie das Christentum selbst, und kein

---

[1]) Ich verweise hier auf die sehr beachtenswerten Ausführungen von Alois Mager OSB. in dem Aufsatz „Der Wandel in der Gegenwart Gottes und die hl. Theresia". Benedikt. Monatsschr. 1924, 341.

[2]) Theol. Rev. 1909, 570.

geringerer als Augustinus nahm gegen sie Stellung und verlangte für sich und gewährte anderen das Recht der Kritik. Seine Stellung zu den alten Kirchenlehrern drückt er unübertrefflich und als wäre es heute erst gesprochen mit den Worten aus: „Wir dürfen nicht jede beliebige Abhandlung, und wäre sie auch von katholischen und berühmten Männern, für kanonische Schriften ansehen, so daß es uns nicht erlaubt wäre, bei aller Hochachtung, die diesen Männern gebührt, etwas in ihren Schriften zu mißbilligen oder zu verwerfen, wenn wir etwa finden, daß sie anders denken, als es sich in Wahrheit verhält und andere oder wir mit göttlicher Hilfe erkannt haben. So stelle ich mich zu den Schriften anderer, so will ich auch die meinigen aufgefaßt wissen [3].“

So ladet Augustinus selbst schon sogar zur Kritik an seinen Werken ein, nachdem er durch die Konfessionen sein stillschweigendes Einverständnis dazu noch besonders zum Ausdruck brachte, daß er gegen eine Betrachtung seines Seelenlebens nichts einzuwenden hätte.

Mag sich denn ein jeder den Mut und Willen nehmen, einer der anziehendsten Erscheinungen unter den Persönlichkeiten der Kirchengeschichte, ja der Geschichte überhaupt, in die Werkstatt der Seele zu folgen und, soweit es Menschenkräften gestattet ist, seine Entwicklung nochmals mitzuerleben.

---

[3]) Ep. 148, 15 (II, 628 f.).

Biographischer Abriß.

Aurelius Augustinus wurde im Jahre 354 n. Chr. in Thagaste, einer kleinen Stadt des numidischen Afrika, geboren. Sein Vater Patricius war ein einfacher, aber angesehener römischer Bürger und Gemeindebeamter [1]) und lebte in bescheidenen Verhältnissen [2]). Er war im allgemeinen sehr gutmütig, neigte aber zu Jähzorn, wobei er aber nie tätlich gegen seine Frau wurde, wie es sonst üblich gewesen zu sein scheint [3]). Er war eine leidenschaftliche und sinnliche Natur und blieb auch in der Ehe nicht treu [4]). Dem Christentum stand er bis kurz vor seinem Tode fern. Er starb im Jahre 371, als Augustin 17 Jahre alt war [5]).

Augustins Mutter Monnika war numidischer Abstammung, wurde in christlicher Familie erzogen und hat Zeit ihres Lebens auf ihren Sohn einen mächtigen Einfluß ausgeübt. Durch ihre Klugheit und vornehme Gesinnung gelang es ihr, Gegensätze auszugleichen und ein friedliches und geordnetes Familienleben „in denkbar glücklichstem Einvernehmen“ [6]) zu sichern und zu erhalten. Ihre Bedeutung für Augustins Entwicklung ist so groß, daß wir ihrem Charakter noch einige Aufmerksamkeit schenken wollen. Augustinus selbst sagt von ihr: „Ihrem Äußeren nach war sie ein Weib, aber männlich in ihrem Glauben, mit der Sicherheit des Alters, der Liebe der Mutter, der Frömmigkeit einer Christin“ [7]). Das schöne Bild, das der Sohn hiermit von seiner Mutter entwirft, entspricht vor

---

[1]) Possid. Vita Aug. 1 (I, 35).
[2]) Conf. 2, 3.
[3]) ib. 9, 9.
[4]) ib. u. 2, 3.
[5]) ib. 3, 4.
[6]) ib. 9, 9.
[7]) ib. 9, 4.

allem den Tagen, wo die beiden sich innerlich nahe gekommen waren. Also der Zeit von dem Aufenthalte in Cassiciacum bis zu ihrem Tode, der sie mit 56 Jahren in Ostia im Herbst 387 ereilte. Doch dürfte Loofs [8]) nicht so ganz unrecht haben, wenn er meint, daß Monnika „erst durch Ambrosius und ihren eigenen Sohn zu der Reife persönlichen Christentums gekommen ist, mit der sie dem Tode die Hand gab", und die uns aus den Dialogen zu Cassiciacum deutlich entgegentritt [9]). An der Wandlung Augustins in Mailand ist sie nicht unmittelbar beteiligt. Sie war zwar stets um ihn besorgt, weinte um ihn, als er zu den Manichäern ging, und hat ihn nie aus den Augen verloren [10]). Aber an eine Änderung seiner Lebensführung von Grund auf, die einzig Augustin zu Höherem befähigte, dachte sie damals noch nicht. Sie war es mit, die den unheilvollen Eheplan eifrig betrieb. Sie selbst war wohl auch eine triebstarke Natur. Eine Dienstmagd hatte sie als Mädchen einmal „merebibula" gescholten; darnach hat sie sicher öfters ein Schlückchen und „später auch fast volle Gläser" Wein — gegen die häusliche Sitte und heimlich genommen [11]). Ihre christliche Frömmigkeit scheint nicht immer gleich groß gewesen zu sein [12]), und wie dem Zusammenhang der betreffenden Stelle in den Konfessionen zu entnehmen ist, war sie früher auch eine sinnlich veranlagte Frau, die, während Augustin sich nach seinen Worten im Zentrum Babylons herumwälzte, nur mehr in seinem Umkreise zögernd verweilte [13]). Damals war sie auch noch voll ehrgeiziger Pläne für ihren Sohn [14]). Leidenschaftlich war sie in ihrem Weinen und ihrer Sorge um ihr Kind. Einem Bischof klagte sie ihr Leid so unablässig, daß er anfing ungeduldig zu werden und sie mit dem denkwürdigen Ausspruch entließ: „Verlasse mich, so wahr du lebst, es ist unmöglich, daß der Sohn solcher Tränen verloren gehe [15])." Peinlich war sie in der Befolgung der formalen Vorschriften. Ihre Ge-

[8]) RE. f. prot. Th. 2, 260.
[9]) Vgl. Weinand 10 u. Wörter.
[10]) Conf. 3, 11.
[11]) ib. 9, 8.
[12]) ib. 2, 3, 6.
[13]) ib. 2, 3, 8.
[14]) ib.
[15]) ib. 3, 12.

wissenhaftigkeit war fast übertrieben. Sie hatte große Unruhe wegen der richtigen Befolgung eines Fastengebotes [16]) und schickte ihren Sohn deswegen zu Ambrosius. Nur durch das Ansehen und die persönliche Verehrung, die der Heilige bei ihr genoß, ließ sie sich, wie Augustin an anderer Stelle zu seiner eigenen Verwunderung berichten muß [17]), bewegen, von der hergebrachten Sitte (des Totengedächtnismahles) abzuweichen. Erwähnung verdient auch ihre Neigung zu mystischem Verhalten. Auf einen Traum [18]) hin nahm sie ihren Sohn zu sich, wozu sie sich bisher geweigert hatte. Durch Traumbilder und Gottesworte glaubte sie in besonderer Weise geführt zu werden [19]). Sie erbat sich später täglich „mit einem lauten Aufschrei ihres Herzens" eine Offenbarung Gottes in einem Gesichte über Augustins zukünftige Ehe. Monnika sah zwar „nichtige Phantasiegebilde", hielt diese aber nicht für ein Gottesgeschenk; „denn an einem unnennbaren Wohlgeschmack, den sie mit Worten nicht beschreiben konnte, wußte sie, wie sie sagte, zu unterscheiden, ob Du (Gott) Dich ihr offenbartest oder ob ihre Seele träumte" [20]).

Von den Geschwistern Augustins erfahren wir nur nebenbei aus seinem Munde. Häufiger begegnen uns seine Freunde.

Seinen äußeren Lebensweg schildert uns Augustinus selbst in seinen Konfessionen. Die Eltern hatten den wohlbegabten [21]) Knaben zunächst in den Elementarunterricht geschickt. Der Kleine war davon nicht sehr erbaut; er spielte lieber Ball [22]), als daß er sich mit dem verhaßten Griechisch [23]) beschäftigte oder die Leier des Einmaleins heruntersagte [24]). Auch die lateinische Sprache gefiel ihm anfangs nicht [25]), so daß er denn auch gar keine Freude am Unterricht hatte und wegen seiner Faulheit

[16]) Ep. 36, 14, 32 (II, 151) u. ep. 54, 2, 3 (II, 200).
[17]) Conf. 6, 2.
[18]) ib. 3, 11.
[19]) ib. 5, 9.
[20]) ib. 6, 13.
[21]) ib. 1, 9.
[22]) ib.
[23]) ib. 1, 13.
[24]) ib.
[25]) ib.

manche Tracht Prügel bezog [26]). Erst in einer höheren Stufe bei den Grammatikern ging ihm der Sinn und die Liebe für die lateinische Sprache und ihre Werke auf; besonders Vergils Äneis hatte es ihm angetan [27]). Seine Studien begann er in dem unweit gelegenen Städtchen Madaura; von dort kam er dann 371 auf die Hochschule nach Karthago, um sich als Rhetor auszubilden, nachdem er zuvor noch einige Zeit daheim in Thagaste hatte bleiben müssen, bis der Vater die nicht unerheblichen Geldmittel zusammengebracht hatte [28]). Nach Beendigung der Studien zu Karthago kehrte er abermals nach Thagaste zurück und gab hier seinen ersten Unterricht als Rhetor [29]). Doch auch hier hielt er es auf die Dauer nicht aus. Er wollte nach Rom, da dort eine bessere Disziplin herrschte im Gegensatz zu der üblichen Frechheit der karthagischen Jugend [30]). Monnika aber suchte diesen Plan auf jede Art zu hintertreiben. Er entfloh deshalb seiner Mutter und fuhr hinüber nach Italien, wo er 383 in Rom landete. Ein Zufall wollte es, daß zu Mailand die Stelle des Rhetors frei war, und auf Empfehlungen wurde Augustin, der sich in Rom schon einen guten Namen gemacht hatte, dorthin berufen. Bald kam er dort in Berührung mit Ambrosius, dem angesehenen und einflußreichen Bischof von Mailand. Inzwischen war auch Monnika ihrem Sohne nachgereist, und es begann unter wechselseitiger Befruchtung Augustins Annäherung an die katholische Kirche, bis sich die Bande immer enger und enger schlangen und sie in der berühmten Bekehrungsszene ihren Höhepunkt in der Vereinigung erreichte. Augustin zog sich, zumal er zu jener Zeit lungenleidend war, ganz von seinem weltlichen Berufe zurück und lebte mit seinen Freunden und seiner Mutter einige Monate in der Abgeschiedenheit auf einem Landgute in Cassiciacum zur Vorbereitung auf die Taufe, die ihm Ostern 387 Bischof Ambrosius in Mailand spendete. Nach nur kurzem Aufenthalt in Italien, währenddessen Monnika beruhigt starb, fuhr er 388 wieder nach Afrika zurück und wurde dort

---

[26]) Conf. 1, 9.
[27]) ib. 1, 13.
[28]) ib. 2, 3.
[29]) ib. 4, 4.
[30]) ib. 5, 8.

391 auf Verlangen der Gemeinde in Hippo zum Priester geweiht. Sein Bischof, der greise Valerius, nahm ihn dann 395 gegen die damalige Sitte zum Hilfsbischof, und im gleichen Jahre wurde Augustinus durch den Tod des Valerius der Bischof von Hippo. Von hier aus wirkte er nun in denkbar fruchtbarster Weise auf die ganze katholische Welt ein. Hier kämpfte er gegen die Manichäer, Donatisten, Pelagianer und Semipelagianer. Um 400 erschienen seine Konfessionen, etwas später sein Werk über die Dreifaltigkeit, 413—426 sein Hauptwerk: „Über den Gottesstaat" und 426 die Retraktationen, um nur einige der bekanntesten Werke gleichsam als Marksteine herauszuheben. Mit 76 Jahren schloß Augustinus die Augen, durch eine fieberhafte Erkrankung aus dem Leben gerissen, während vor den Toren der Stadt die Vandalen unter Geiserich stürmten und der stolze Bau des Römerreiches zusammenbrach.

I.

Die Persönlichkeitsgeschichte Augustins.

Übersicht.

Augustinus hat in seinem Erdenleben eine große Zahl von Wandlungen erlebt, bis der unstete und rastlose Wahrheits- und Ruhesucher seinen Weg und sein Ziel gefunden hatte. Es scheint hier jede Einteilung willkürlich und die Gefahr einzuschließen, daß wir dem natürlichen Flusse der Geschehnisse Gewalt antun und Grenzen errichten, wo in Wirklichkeit nur fließende Übergänge sind. Und doch können wir einer Einteilung seiner Persönlichkeitsgeschichte nach äußeren und inneren Gesichtspunkten nicht ganz entbehren, wenn wir den gewaltigen Stoff überhaupt einigermaßen meistern wollen. Und gerade im Leben des hl. Augustinus ist es vielleicht auch wieder nicht so unrecht, einzelne Einschnitte zu machen, da zum mindesten nach außen hin besondere Halt- und Wendepunkte zu vermerken sind. Wenn ich im folgenden von der bisher üblichen Einteilung etwas abweiche, so geschieht das mit Rücksicht auf die Fragestellung dieses Buches.

Im ersten Abschnitt erleben wir Augustinus als Knaben und Jüngling in seinem elterlichen Heim in der Vorbereitung auf seinen Beruf bis zu jenem Tage, wo er durch die Lektüre einer Ciceronianischen Schrift auf eine neue Lebensbahn gelenkt wird. Von hier gehen wir mit ihm in einem zweiten Abschnitt den Weg des gewaltigen Wahrheitssuchers, der den letzten Dingen seine ganze Beachtung zugewandt hat, aber von dieser Seite nach jener wie ein schwankendes Rohr geweht wird. Ihr Ende findet diese Periode mit dem letzten Entschluß des Schwankenden, der christlich-katholischen Kirche näherzutreten. Der dritte Abschnitt beginnt mit dem bald darauf folgenden

Vorsatz und ernsten Willen, nach Glaube und Sitte ein katholischer Christ zu sein, d. h. mit seiner sogenannten Bekehrung, und umfaßt die Ausbildung Augustins als Katholik, als Priester und Bischof [1]). Den Abschluß auf diesem Werdegang eines Christen, wie man sagen könnte, bilden seine Konfessionen. Dieses Werk enthält im Keim schon alle seine späteren Lehren [2]). Somit geht von hier denn ein neuer, vierter und letzter Lebensabschnitt an, in dem wir Augustin als den überragenden Gelehrten und Lehrer, als den größten abendländischen Kirchenvater in der Vollkraft seiner Produktion und auf dem Gipfel seines Ruhms sehen; sehen, wie er in einsamer und schwindelnder Höhe von der Bahn des katholischen Christentums und seiner Lehre sich unbewußt und ungewollt zu entfernen beginnt.

Nachdem wir so durch schichtweisen Aufbau ein Seelenbild Augustins gewonnen haben, können wir später an den Versuch einer Zergliederung der ganzen Persönlichkeit in seine wesentlichen Züge herantreten, um auf diese Weise die Grundstruktur Augustinischen Wesens allmählich herauszuschälen.

1. Augustins Reifejahre.

Die Entwicklung eines jeden Menschen verläuft in mehr oder minder deutlich abgesetzten Perioden, die in wohlbekannten Veränderungen des Organismus ihren Grund haben. Die ersten mächtigen Umwälzungen bringen dem jungen Menschen die Jahre, die ihn erst zu den Aufgaben und Pflichten befähigen, die er später als erwachsener Mensch zu erfüllen hat. In dieser Zeit der körperlich-geistigen Umstimmung entscheidet sich sein weiteres inneres Schicksal, und deshalb ist wohl keine Lebenszeit so folgenschwer in ihren Wirkungen auf den Menschen,

---

[1]) Es ist bei dieser Einteilung überflüssig, die Zeit von der Bekehrung bis zur Taufe, also den Aufenthalt in Cassiciacum, als besonderen Abschnitt zu behandeln; wenn auch die Taufe nach außen hin und in der Tat den Katechumenen erst zum Christen machte, so war Augustin doch schon Christ mit dem festen Entschluß, es zu sein, bei Gelegenheit seiner Bekehrung, zumal damals nach Dölger (Röm. Quartalschr. f. chr. AK. u. Kirchengesch., Suppl. 20, S. 437) „getauft“ und „Christ“ nicht identisch war, sondern der Anschluß an die neue Lehre genügte, den Namen „Christ“ zu erhalten.

[2]) De don. persev. 20, 53 (X, 1026).

wie gerade diese Jahre der Reifung. Das Eigenleben beginnt, die Persönlichkeit schält sich heraus, und in wildem Ungestüm werden Fesseln gesprengt, Grenzen überrannt, das Ziel überflogen, bis nach einer Zeit des Gärens und Siedens, des Sturmes und Dranges, der Qual und der Not ein neuer Mensch, so wie er seiner Natur nach werden soll, dem alten Kleide entsteigt. Und wie oft blickt der Außenstehende in diesen Jahren in schauriges Dunkel, nicht ahnend, wohin die Fahrt gehen wird.

Jetzt aber beginnt der Mensch sein eigenstes Leben, jetzt beginnt der Kampf um seine Geltung unter den anderen Menschen, der Kampf vor allem aber in der eigenen Brust zwischen Trieben von elementarer Kraft und dem Gewissen, dem ungeschriebenen Gesetz, wie den Forderungen, die das geschriebene Gesetz oder Gebot an ihn stellen. Wie wird er sich entscheiden? Wird er siegen? Und somit kommt für jeden — manche merken es nur nicht — der Tag der Auseinandersetzung mit Leben und Welt und den letzten Dingen.

An diesem Wendepunkte kann der Psychograph erst seine Tätigkeit beginnen. Was vorhergeht, hat für eine Rückschau fast nur biographischen Wert. Gewiß bildet auch die frühere Zeitspanne ein notwendiges Glied für die Entwicklung zur Persönlichkeit, da sie ja gleichsam den Unterbau darstellt, aber sie gestattet uns noch nicht, Beziehungen zwischen den einzelnen Phasen des persönlichen seelischen Lebens und seiner Inhalte herzustellen, auf die unser Auge vor allem gerichtet ist, weil ja die Persönlichkeit des Menschen bis dahin überhaupt noch nicht gebildet ist.

So ist es denn für uns auch kein Schaden, daß wir über die Knabenjahre des hl. Augustin nicht ausführlicher unterrichtet sind. Das Wesentliche habe ich oben in der biographischen Skizze schon erwähnt, und wenn wir auf Einzelheiten im späteren Verlaufe auch noch einmal eingehen müssen, so beginnen wir jetzt mit der Zeit, wo Augustin mannbar geworden war.

Wir müssen uns bei diesem Studium in der Hauptsache der Angaben bedienen, die uns Augustin selbst in seinen Konfessionen gemacht hat. Soweit wir uns mit der Feststellung der Tatsachen begnügen, werden wir darin sicher nicht fehl gehen. Später erst wollen wir uns mit den Konfessionen selbst auseinandersetzen. Und bis dahin werden wir jedenfalls gut tun, wenn wir von jenem Werturteil, das insbesondere Augustin selbst an sie gebunden hat, absehen.

Die Pubertät brachte für Augustin eine mächtige Steigerung des sexuellen Triebes. Von der Mutter war er bis dahin sorglich gehütet und vor allem bewahrt worden, was christlichem Leben, besonders aber der Sittlichkeit hätte schaden können. Und Augustin scheint bis dahin auch ein braver, ruhiger Junge gewesen zu sein [1]), der keine großen Schwierigkeiten machte und leicht zu haben war, wenn er sich auch gelegentlich lausbubenhaft benahm, wie die Knaben nun einmal sind [2]).

Als aber die Zeit kam, wo seine Sinnlichkeit mehr und mehr geweckt wurde, da halfen alle Bemühungen der Mutter nichts mehr; sein leidenschaftliches Blut setzte sich durch, und der Sinnenreiz, die Lust suchte nach Auslösung, nach dem adäquaten Objekt, nach Befriedigung. So ging er ohne Fessel und Zügel durch die Tage seiner jungen Mannbarkeit dahin. Das Beispiel seines Vaters, der der eigenen Frau nicht treu blieb, überwog das sittenstrenge Verhalten der Mutter. Ernste Schwierigkeiten hatte er zu Hause nicht zu erwarten. Wissen wir doch, daß der Vater an dieser Entwicklung seines Sohnes seine Freude hatte [3]). Wenn wir nun aber nicht einen falschen Maßstab anlegen wollen, werden wir uns daran erinnern müssen, daß wir bei Augustin, als dem Bewohner eines südlichen, heißen Klimas, nicht nur eine sehr frühzeitige Reife, sondern auch ein sehr leidenschaftliches Temperament voraussetzen dürfen. Wohl nur wenige Afrikaner waren leidenschaftslose Naturen oder waren so beherrscht, daß sie ihrem Trieb nicht nachgaben, wenn Salvian sagt: „Das Laster der Unkeuschheit ist bei ihnen so üblich, daß wer unter ihnen nicht mehr unrein ist, kein Afrikaner mehr zu sein scheint“ [4]).

Ungehemmt und unbeherrscht ließ auch Augustin seinen Trieben freien Lauf. Er hörte wohl manches Wort,

---

[1]) Conf. 1, 20.

[2]) ib. 1, 19.

[3]) ib. 2, 3.

[4]) Salvian, de gub. Dei. Die genaue Stelle vermag ich leider nicht mehr anzugeben.

das sein Verhalten mißbilligte, doch wo er hinsah, sah er ein Gleiches: Bei seinem Vater, den anderen Männern und Ehemännern und bei seinen Altersgenossen.

Schon bei der Lektüre von Vergils Aeneis und anderer Schriftsteller, wie Terenz, will er besondere Freude an den schlüpfrigen Stellen gehabt haben [5]). Theater und Schaustellungen, wo in brutaler und verschleierter Form Obscönitäten geboten wurden, waren beliebte Abwechslungen für ihn [6]). Mit 16 Jahren beherrschte ihn die Leidenschaft schon völlig [7]), und während des einjährigen erzwungenen Aufenthalts und Müßiggangs in Thagaste wuchs sie ihm bereits über den Kopf, und „überwucherten ihn die Dornen der bösen Begierden," so daß ihn seine Mutter vor Fornikatio warnen und besonders ermahnen mußte, nicht die Frau eines andern zu verführen [8]). Der Verkehr von Seele zu Seele genügte ihm nicht mehr [9]). Befriedigung der Sinnlichkeit war sein Ziel: „Lieben und geliebt zu werden, war mir süßer Genuß, mehr noch auch, den Leib der Geliebten ganz zu besitzen" [10]). Doch schon hier sehen wir hoffnungsvolle Ansätze zur späteren Entwicklung. So wenig ihm die Liebe von Seele zu Seele genügte, so wenig sank er doch auf die Stufe eines Menschen, der nur seine sinnliche Befriedigung suchte, herab. Denn ausdrücklich erklärt Augustinus an anderer Stelle, daß er den Menschen, die liebende Seele suchte, ohne die ihm ein Lieben nicht möglich war [11]).

In Karthago änderte sich hierin im allgemeinen nichts [12]), doch ist später insofern eine Veränderung und wohl auch ein Fortschritt festzustellen, als er nicht mehr „wechselndem und lichtscheuem Liebesgetändel" [13]) nachjagte, sondern sein Triebleben in mehr geordneten Bahnen ausleben läßt. Er nimmt ein einfaches Mädchen zu sich und lebt mit ihr viele Jahre lang im Konkubinat. Es schenkte ihm seinen Sohn Adeodatus schon in Karthago

[5]) Conf. 1, 16.
[6]) ib. 3, 2 u. de civit. Dei 2, 4 u. 26 (VII, 50 u. 75).
[7]) ib. 2, 2.
[8]) ib. 2, 3.
[9]) ib. 2, 2.
[10]) ib. 3, 1.
[11]) ib.
[12]) ib. 3, 1 u. 3; 8, 7.
[13]) ib. 2, 1.

um 372, als Augustin selbst also 18 Jahre alt war [14]). Ihr hielt er die Treue bis zum Jahre 385, wo er sie entließ, da er zu heiraten gedachte. Die Trennung von ihr, dem einfachen, doch wahrscheinlich herzensguten Mädchen, wurde ihm sehr schwer [15]), und wir dürfen hierin wohl ein Zeichen seiner edlen und vornehmen Gesinnung und seines empfindsamen Menschenherzens sehen.

Jedenfalls aber wollen wir nie vergessen, daß Augustin diese erste Zeit seiner Liebe und seines hemmungslosen Trieblebens sorglos in den Tag hinein verlebte, daß die häufigen Warnungen seiner Mutter noch an ihm abprallten [16]), als etwas, das man nicht zu beachten braucht, und daß die innere Stimme seines Gewissens noch übertönt wurde von dem gewaltigen Rauschen der jungen, aufkeimenden Leidenschaft. Der Gedanke, daß überhaupt etwas Schlechtes, Verbotenes, Sündhaftes geschah, ist ihm damals sicher noch nicht gekommen, oder jedenfalls besaß er noch die impulsive, rücksichtslose Kraft zu einer sofortigen Verdrängung solcher Gedanken [17]). Kurz, es war eine Zeit des besinnungslosen Taumels, in den zu jener Zeit die meisten seiner Altersgenossen hineingerissen wurden und aus dem viele ihr Leben lang sich nicht aufrafften zu geordneterem Verhalten, das sie und die heidnische Umwelt ja auch nicht vom Sündenstandpunkt, vom Gesichtspunkt der Beleidigung Gottes oder einem sonstigen ethischen Prinzip aus empfanden und deshalb für sie vielleicht unschön und unzweckmäßig, aber eben nicht Sünde war, der ihrem Wesen nach Strafe folgte und folgen mußte.

Ein gewaltiges Ringen vollzog sich in jener Zeit, und kein ernster Mensch konnte sich schließlich einer Entscheidung entziehen. Für jeden Gebildeten gab es eine Auseinandersetzung in viel höherem Maße noch, als das von uns gefordert wird. Einer ganz individualistischen Lebensauffassung mit laxer Moral bzw. ohne moralische Anschauungen, wenn man so will, stand gebieterisch die katholische Kirche, die ein Faktor im Leben des Einzelnen und der Völker geworden war, mit dem jeder zu rechnen

[14]) Conf. 6, 15 u. 9, 6.
[15]) ib. 6, 15.
[16]) ib. 2, 3.
[17]) ib.

hatte, gegenüber mit hohen Anforderungen an Wollen und Können des sittlichen Menschen. Heute braucht der Christ, der durch ein strenges Sittengesetz von Jugend auf erzogen wird, der genau weiß, was er darf und was nicht, nur noch den Kampf zwischen diesen Forderungen und seinen Trieben zu führen. Damals galt es in den meisten Fällen, wo fast ein jeder als Erwachsener erst Christ wurde, einmal die Frage zu entscheiden, will ich Christ werden, will ich einen neuen Glauben in der Taufe annehmen, eine Weltauffassung, die meiner bisherigen diametral entgegenstand? Und dann kam erst dazu der Kampf des Ich gegen die Sünde, besonders die Sünde des Fleisches. Diesem Kampfe war Augustin damals noch fern. Für ihn war die sexuelle Frage noch keine Frage, da ihm bei der üblichen Auffassung der Zeit sein Verhalten noch nicht verboten war oder noch nicht verboten sein mußte, wie sie es im Sinne der christlichen Kirche war.

Woran hielt sich denn der junge Mensch wie der Erwachsene, soweit er nicht Mitglied einer christlichen Gemeinschaft war? Gab es Normen, die soweit allgemeine Geltung besaßen, daß sie den Einzelmenschen verpflichteten? Besaß der Heide eine solche Jahrhunderte hindurch gepflegte Moralkultur, daß das Sittengesetz eine latente Forderung in jedem Menschen darstellte und bei jeder Aktualisierung in der Stimme des Gewissens seine Gegenwart in oft unliebsamer Weise ankündigen mußte?

Die Moralsysteme der großen Philosophen, eines Sokrates, Aristoteles, der Epikuräer und auch der Stoiker beanspruchten wohl kaum eine allgemeine Bedeutung, sondern wurden erst für den Einzelnen bedeutsam, wenn er in reiferen Jahren durch eigenes philosophisches Studium darauf hingelenkt war. Jedenfalls aber übten sie, wie vorher schon gesagt, nicht einen solchen Zwang auf den Einzelnen, daß sie ihm sittliche Forderungen als strikte Gebote oder Verbote an die Hand gegeben hätten.

Von universalem Einfluß besonders auf die breite Masse des Volkes war vielmehr die Lehre von den vier Kardinaltugenden, „die in aller Mund sind“ [18]), wie Augustin sagt, nämlich Prudentia, Fortitudo, Temperantia

[18]) De mor. eccl. cath. 5, 25 (I, 1322).

und Justitia, die Klugheit, Tapferkeit, Mäßigkeit und Gerechtigkeit. Ihr Wirkungsbereich war so umfassend und intensiv, daß sie stillschweigend fortwirkten und daß sie, dem Naturgesetz entsprechend, eine wirksame Leitlinie für Erziehung und Leben gaben. Auch Augustinus hat sich eingehend mit den Kardinaltugenden befaßt und ist sicher schon mit 19 Jahren gelegentlich der Lektüre des Hortensius bewußt auf sie gestoßen [19]).

Die Tugend der Mäßigkeit stand aber offenbar mit seinem Treiben in Widerspruch, doch fehlte ihr letzthin, wie gesagt, bei einer auf diese Welt gerichteten Lebensanschauung eine streng verpflichtende Kraft für den jungen Menschen. Man konnte und brauchte von ihm noch nicht zu erwarten, daß er aus rein idealen Gründen, aus Liebe zur Tugend an sich Beherrschung übte und Maß hielt. Gott und Jenseits waren ihm noch vage Begriffe. Auch der, welcher mit Augustin annimmt, daß für jeden Menschen und zu allen Zeiten und an allen Orten das Gebot Gottes in die Seele des Menschen gesenkt sei und im Gewissen ein feines Reagens besitze, der kann jedenfalls um die Tatsache nicht herum, daß Augustin in jenen wilden Jahren noch nicht dazu gekommen war, diese Stimme zu empfinden und ihr zu lauschen [20]). Erst einige — nicht lange — Zeit später setzte hier eine tiefgreifende Wandlung ein, die wir im nächsten Abschnitt betrachten wollen.

So haben wir nun gesehen, daß Augustin zwar in der Tat ein für unsere und auch damalige Begriffe ausschweifendes Leben führte, daß er seinem geschlechtlichen Verlangen nachgab, wo es dazu aufforderte, aber, und das ist für die Beurteilung seines Werdens von großer Bedeutung, er empfand damals noch keinen Zwiespalt in seinem Herzen, gab sich noch keine Rechenschaft über sein Verhalten, sondern lebte sorglos und gedankenlos in den Tag hinein und wußte es nicht besser. Der Keim des Sündenproblems war ihm noch nicht aufgegangen. Auch dachte er noch nicht an eine sittlich in sich verworfene Tat, an eine Beleidigung Gottes, des höchsten und erstrebenswertesten Gutes, und die bange Frage nach Vergeltung und Jenseits war noch nicht auf seine Lippen getreten, zumal

[19]) De Trinit. 14, 9, 12 (VIII, 1046).
[20]) Conf. 3, 1 u. 2, 3.

dieses Leben nur ganz wenige Jahre seiner ersten Jugend dauerte.

In seiner sonstigen Lebensführung aber zeigte sich Augustin als ein junger Mann von vornehmer Gesinnung und anständigem Betragen. Dem rohen Treiben der übrigen Studenten, der sogenannten Eversores, war er abhold [21]), und wie Vincentius berichtet [22]), war er auch als ruhiger und anständiger Mensch bekannt.

2. Jahre der Einkehr und Umkehr.

Im Laufe seines Studiums machte Augustin, wie das damals üblich war, mit Ciceros „Hortensius“ nähere Bekanntschaft [1]). Das Werk machte einen tiefen Eindruck auf den Neunzehnjährigen, und zwar nicht wegen der Formvollendung und Redegewandheit, die er als angehender Rhetor bei dem alten Fachmann und Meister auf diesem Gebiete besonders bewundern konnte und mußte, sondern ganz vornehmlich wegen seines bedeutenden Inhaltes [2]).

Wie aus heiterem Himmel wurde er plötzlich in eine andere Welt mit anderen Schönheiten und anderen Idealen versetzt, mit neuen Gedanken erfüllt, die seinem ganzen Leben einen anderen Inhalt und eine andere Richtung gaben [3]), so sehr auch die Begehrlichkeit seines Leibes in die alte Bahn zurückdrängte. Dem Einfluß dieses Buches konnte er, ob er wollte oder nicht, sich nicht mehr entziehen. Die gleichgültige Ruhe, die Zeit des sich ohne Besinnung Gehen- und Treibenlassens, des schuldlos-schuldvollen Dahinlebens war endgültig vorbei. Augustinus war an seiner Achillesferse getroffen und ging jetzt, einmal angestoßen, den Weg, den zu gehen ihm bestimmt war. Der Hortensius brachte den Stein ins Rollen, und wenn er auch hier und da auffiel und eine kurze Weile liegen blieb, er fand doch keinen dauerhaften Halt, sondern fiel weiter und weiter, bis er auf sicherem Fun-

[21]) Conf. 3, 6 u. 5, 8.
[22]) Ep. 39, 13, 51 (II, 346).
[1]) Conf. 3, 4.
[2]) ib.
[3]) ib.

damente lag, von wo ein weiteres Fallen für ihn Unmöglichkeit war.

Und was war es Besonderes mit diesem Ciceronianischen Werk? Leider ist es nicht mehr auf uns gekommen, und als einziger Quelle sind wir auf Auszüge angewiesen, die Augustin selbst uns in seinen Werken hinterlassen hat.

Offenbar enthielt es eine Aufmunterung zum Studium der Philosophie überhaupt, eine allgemeine Darstellung von der Weisheit als dem höchsten zu erstrebenden Gute und Betrachtungen ethischer Art. Wesentlich war zunächst, daß es überhaupt nur ganz allgemein die Aufforderung an den Leser richtete, nach Weisheit zu streben, und daß es ihm nicht diese oder jene Philosophenschule empfahl [4]). Wenn wir uns aus den Bruchstücken der Überlieferung ein Bild vom Inhalt des Hortensius entwerfen, so genügt das völlig, um das Wesentliche und für uns Wichtige zu erfahren. Jeder Mensch will glücklich sein [5]), das war wie für fast alle philosophischen Abhandlungen so auch für Cicero der grundlegende Gedanke. Zum wahren Glücke aber führt die Weisheit, d. i. das Erkennen oder das Forschen nach der Wahrheit, und sie schließt als wichtigste Forderung zunächst ein sittliches Leben ein, ein Leben, geordnet nach den Vorschriften der vier Kardinaltugenden [6]). Unter diesen ist es ganz besonders die Mäßigkeit, deren Befolgung dringend angeraten wird. Mit ungeordneten Begierden und Fleischeswünschen kann man nicht zur Erlangung der Weisheit und wahren Glückseligkeit, der Ruhe im Glück kommen [7]). Ja, Cicero geht sogar so weit, zu behaupten: „Welcher mit gutem Verstande begabte Mensch möchte nicht lieber sehen, daß uns von der Natur überhaupt keine Begierden gegeben worden wären“ [8]). Und von besonderer Bedeutung ist der Umstand, daß Cicero auch auf ein jenseitiges Leben anspielt [9]), und ganz besonders auch das tugendhafte Leben, die Beherrschung der Begierden im

[4]) Conf. 3, 4.
[5]) De Trinit. 13, 4, 7 (VIII, 1019).
[6]) ib. 14, 9, 12 u. 14, 19, 26 (VIII, 1046 u. 1056).
[7]) Contra Jul. 4, 14, 72 (VIII, 774).
[8]) ib.
[9]) De Trinit. 14, 9, 12 (VIII, 1046).

Hinblick auf ein Jenseits empfiehlt, mit dessen Existenzmöglichkeit er unter Berufung auf die „größten und weitaus berühmtesten alten Philosophen“ immerhin rechnet. Mit diesem Gedanken schließt er sogar seine Abhandlung [10]).

Also Aufforderung zu philosophischem Studium bei geordneter Lebensführung, durch Bekämpfung der Sinnenlust, das ist der wesentlichste Inhalt des Hortensius gewesen.

Und wie hat dieses Buch auf Augustinus gewirkt? Hören wir zunächst, was er uns selbst darüber zu sagen weiß! In den Konfessionen bekennt er, wie schon erwähnt, daß es ihn zur Besinnung und Wandlung brachte. Aestu incredibili cordis, mit unglaublicher Glut des Herzens verlangte er nach ewiger Weisheit. Accendebar et ardebam, ich ward entzündet und brannte [11]); das war der Zustand seines jugendlich glühenden, begeisterungsfähigen Gemütes. Schon viele Jahre vor den Konfessionen hat er kurz nach seiner Bekehrung bereits hervorgehoben, daß ihn Cicero zum Wahrheitssucher gemacht hat, und er war so begeistert von diesem Buche, daß er es damals noch (386) in Cassiciacum gemeinsamen Besprechungen zugrunde legte [12]). Zu derselben Zeit behauptet er auch schon, daß er durch den Hortensius so sehr in Liebe zur Philosophie entbrannt war, daß er daran dachte, sich ihr sogleich ganz zu widmen [13]). Nach seinen eigenen Worten war es aber nicht nur die Forderung, sich eine Lebens- und Weltanschauung zu bilden, die auf den jungen Augustinus einwirkte und ihn zum Nachdenken veranlaßte, sondern ganz besonders auch die sittliche Haltung, die Cicero von dem Leser verlangte. Auf jene Zeit führt er selbst seine sittliche Wandlung oder wenigstens eine Wandlung in seinem sittlichen Denken und Empfinden zurück [14]), die aber nur zum kleineren Teil schon damals von sichtbarem Erfolg gekrönt war.

Das sind die tatsächlichen Verhältnisse, wie sie uns von den geschichtlichen Unterlagen gegeben werden. Wir

[10]) De Trinit. 14, 19, 26 (VIII, 1056).
[11]) Conf. 3, 4.
[12]) C. acad. 1, 1, 4 u. 3, 7 (I, 908 u. 909) u. 3, 4, 7 (I, 937 f.).
[13]) De beat. vit. 1, 4 (I, 961).
[14]) Soliloqu. 1, 10, 17 (I, 878).

haben uns jetzt darüber hinaus zu fragen, wie wir uns den ganzen Vorgang dieses tiefgreifenden Wandels bei Augustinus zu erklären haben. Wie wir sahen, ist ja seine Ansicht, durch den Hortensius des Cicero zuerst auf andere Bahnen gelenkt zu sein, nicht nur eine Behauptung, die sich in den Konfessionen allein findet und damit vielleicht unter einem anderen Gesichtswinkel zunächst zu untersuchen wäre, sondern sie zeigt sich schon in seinen Erstlingsschriften unmittelbar nach der Bekehrung und findet sich auch in dem Werke des Bischofs über die Dreifaltigkeit und in einer antipelagianischen Streitschrift wieder. Wir sind also vollauf berechtigt, allen diesen Angaben vollsten Glauben zu schenken.

Aber wie kommt es nur, daß dieser leidenschaftliche junge Mensch, der doch nur seinen Sinnen lebte, ganz von ihnen gefesselt und überwältigt schien und nach gar nichts anderem Verlangen trug, allein durch eine, wenn auch beredte Schilderung und Aufforderung zum Studium der Weisheit und zur Aufgabe der Sinnenlust getrieben wurde? Und das war nicht nur eine Laune des Augenblicks; denn auch für die Folgezeit bis zur endgültigen Bekehrung kam Augustinus nicht mehr zur Ruhe.

Wilde Stürme müssen seine Brust durchtobt haben, so daß seine Seele sich aufbäumte vor Zweifel und Zagen. Ein gigantisches Ringen mit einem unsichtbaren Feind und um ein unsichtbares Gut war mit einem Male entstanden, und doch hatte ein kleines Fünkchen schon genügt, seine Seele zu entflammen und seine seelischen Kräfte zu ungeheurer Glut zu entfachen. Wie bisher sein Leib aufloderte vom verzehrenden Feuer seiner Begierden, so entbrannte jetzt seine hochstrebende Seele in mächtigem Schein. Vorbei war es mit dem sorglosen Treiben seiner Studienjahre, vorbei mit dem hemmungslosen Sichausleben, vorbei mit der schuldhaften Schuldlosigkeit.

Der Mahner Cicero war an ihn herangetreten und hatte einen anderen, viel mächtigeren Mahner in ihm geweckt, einen, der ihn nicht mehr zur Ruhe kommen ließ. Wie ein Stachel saß er in seinem Herzen und bohrte sich tiefer und tiefer. Augustinus hatte die „Stimme“ des Gewissens gehört! „In jener Zeit bildete sich bei ihm die

Spannung, die sich erst mit der Bekehrung lösen sollte," sagt Loofs mit Recht [15]).

Das Gewissen wurde bis vor kurzem von vielen wie eine Sache behandelt, die man weiter nicht zu beachten braucht; ja es gab genug Stimmen, die aus mehr oder weniger verständlichen Motiven, einen seelischen Vorgang, den wir Gewissen nennen, leugneten. Und trotzdem ist seine Existenz einsichtiger und einfühlender psychologischer Forschung nicht zweifelhaft. Und wenn wir das Gewissen möglichst vorsichtig und allgemein erklären wollen, so können wir sagen: das Gewissen ist eine beim Menschen mehr oder minder starke innere Unruhe, die dann auftritt, wenn der Mensch in seinem Leben etwas tut oder denkt, was in irgendeiner Weise mit überlieferten oder eigenen sittlichen Forderungen im Widerspruch steht. Es ist ein Indikator des Verhaltens des Menschen zu seinen Mitmenschen und gegenüber sittlichen Prinzipien, d. h., wenn er gläubig ist, zu Gott, als höchstem sittlichen Ziel und Maß. Schon das Kind, das zur Umwelt noch nicht Stellung genommen hat und von ihr noch nicht beeinflußt wurde, zeigt, wie man sich leicht überzeugen kann, die Regungen des Gewissens. Das Gewissen ist mindestens zu einem großen Teil gebunden an altererbten sittlichen Besitz, zeigt aber natürlich auch Spuren erziehlicher Einflüsse. Für unsere Betrachtung hier brauchen wir den letzten Gründen und Ursachen des Gewissens nicht nachzugehen. Augustinus selbst sagt darüber, daß es von Gott als innerliches Gesetz in die Seele des Menschen eingeschrieben sei und zur Natur des Menschen gehöre [16]). Wir wollen hier nur noch bemerken, daß es Qualitäten des Gewissens gibt. Der Volksmund spricht mit richtigem Gefühl von ruhigem, zartem, feinem, bösem, rohem Gewissen. Das Gewissen kann auch gepflegt und geschärft oder vernachlässigt und abgestumpft werden, so daß man gar, wenn auch übertrieben, von gewissenlosen Menschen redet. Die ungeheure Macht des Gewissens mag man daraus ersehen, daß es bekanntlich den Mörder zur Mordstelle zurückführen, ja ihm noch nach Jahren ein Geständnis auspressen kann, wie es sich schon bei kleinen Anlässen

---

[15]) RE. f. prot. Th. 2.

[16]) De ordin. 2, 25 (I, 1006); ep. 157, 3, 15 (II, 681); de serm. Dom. in monte 2, 32 (III, 1283); enn. in psalm 57, 1 u. 145, 5 (IV, 673 u. 1087 f.); u. a. O.

bei sehr gewissenhaften Menschen recht unliebsam durch Erröten, Erblassen, Herzklopfen u. ä. bemerkbar macht. Nun ist es aber sehr wichtig, daß die Stärke des Gewissens von äußeren Umständen nicht allzusehr abhängig ist, sondern ganz wesentlich in der Anlage eines Menschen begründet liegt. Alle empfindsamen, ängstlichen Menschen zeichnen sich durch eine leichte Erregbarkeit ihres Gewissens aus. Und zu diesen „gewissenhaften" Menschen gehört auch der hl. Augustinus, wie wir später noch eingehender sehen werden [17]). Seine empfindsame Natur war mit einem sehr zarten Gewissen ausgestattet, das wie ein feines Meßinstrument schon bei kleinen Abweichungen starke Ausschläge gab.

Gegen eine einfache Gedankenführung Augustins: Du willst nach Weisheit streben, dein ganzes Wesen verlangt darnach, du kennst nichts Höheres mehr in diesem Leben und nimmst deshalb zunächst als erste Forderung Abschied von den Freuden und Lastern dieser Welt; gegen eine solch einfache Deduktion, sage ich, als Ausfluß der Hortensiuslektüre bei Augustinus spricht seine ganze Veranlagung, und auch der Umstand, daß eine solche Überlegung nie zu dem schweren inneren Konflikt, der damals anhob, geführt hätte.

Nein, Cicero hatte ihn in Höhen geführt, die seinem Wesen doch nicht ganz unbekannt waren. Er sah sich Forderungen gegenüber, die ja auch seine Mutter stets an ihn gestellt hatte; er sah, daß der Heide und der Christ sich das Leben anders vorstellten, als er es lebte, und das brachte ihn zur Besinnung. Gewiß müssen wir bei Augustinus eine für alles Hohe und Schöne empfängliche und begeisterungsfähige Natur voraussetzen, und wir dürfen auch überzeugt sein, daß seine Seele von vornherein zu einem hohen Fluge bestimmt war; sein Wandel aber wurde dadurch veranlaßt, daß die Stimme des Gewissens geweckt war und nun wieder ihn wachrief. Wie hab' ich bisher gelebt? War das ein Leben, wie es sich gehörte, wie ich es vielleicht verantworten muß? Um Augustins Seelenstimmung richtig würdigen zu können, müssen wir uns noch einmal mit den sittlichen Anschauungen in seinem Umkreis und zu seiner Zeit befassen. Wir sagten

[17]) Vgl. Conf. 4, 15.

schon oben, daß für den Heiden im allgemeinen in den vier Kardinaltugenden eine Normierung seines sittlichen Lebens enthalten war, daß sie aber bei vielen und besonders jüngeren Menschen letzthin keine verpflichtende Kraft hatten, da mehr oder weniger der Zweck und der kategorische Charakter eines bestimmt gerichteten und geordneten Verhaltens speziell in sexuellen Dingen nicht ohne weiteres ersichtlich war. Nun wuchs aber Augustinus in einem Kreise auf, der ihn auch noch mit einer anderen Moral in Berührung brachte. Die strenge Auffassung des Christentums besonders in erotischen Fragen war ihm nicht unbekannt geblieben. Wenn er auch die Ermahnungen der Mutter achtlos beiseite zu schieben versuchte, so blieb doch ein Rest davon in seiner Seele hängen, der, im richtigen Augenblick gehoben, seine Wirkung nicht verfehlen konnte. Da waren es dann Begriffe von dem einen guten und gerechten Gott, von dem Fortleben der eigenen Seele nach dem Tode, von ewigem Glück und ewiger Pein, die einen empfindsamen Menschen schon packen mußten. Und da gab es kein Schwanken und Zweifeln wie bei den Philosophen, sondern nur Gewißheit. So ist es, so wird es kommen, sagte der Christ und gab damit seiner Anschauung eine gewaltige Wucht. Die christliche Sittenlehre stützt sich im wesentlichen bekanntlich auf den Dekalog. Einen ganz breiten Raum nahm aber in allen moralischen Betrachtungen der Kampf gegen die Triebe und die Sinnenlust in weitestem Umfange ein. Und hier war es gerade die Fleischeslust, der ein ganz besonderer Kampf im christlichen Leben galt, wie Augustinus später ausdrücklich auch selbst und etwas verwundert hervorhebt. Die geordnete sexuelle Betätigung unterwarf man infolge davon oft einer schiefen Betrachtung, und die Ehe geriet in Gefahr, von Fanatikern verurteilt zu werden (Jovinian!)[18]. Augustinus selbst war es bekanntlich, der immer wieder der Ehe den rechten Platz im christlichen Leben anwies[19]. Als Ideal galt jedenfalls die vollkommene Enthaltsamkeit im Sinne des hl. Paulus. Die sexuelle Betätigung war streng auf die Ehe und das dieser gleichkommende Konkubinat be-

[18]) Vgl. v. Hertling, Augustinus, S. 87.

[19]) De bon. conjugal.; de nupt. et concupisc; c. Jul. (op. imperf.) (VI, 371 ff. u. X, 413 ff. bzw. 1050 ff.) u. a. O.

schränkt. Die bei Eheschluß vorgelesenen und unterschriebenen „Tabulae matrimoniales“ [20]) ließen als einzigen Grund für den Verkehr nur die Erzeugung der Nachkommenschaft zu [21]). „Das Wesen der Ehe liegt nicht in der geschlechtlichen Lust, sondern ausschließlich in dem Willen, das Menschengeschlecht in geordneter Weise fortzupflanzen“ [22]), sagt Augustinus. Die sinnliche Lust, „der man sich schämen muß“ [23]), war verurteilenswert und zu fliehen. Sie ist Zeichen der verderbten menschlichen Natur, da sie sich unabhängig vom Willen meldet und als Körperreiz von ihm nicht einfach beseitigt werden kann. Es ist bezeichnend, daß Augustinus — und er spricht hier wohl die Zeitmeinung aus — glaubt, daß im Paradiese vor dem Sündenfall die die Sinnenlust des Mannes begleitende Erektion nicht durch die Lust, sondern durch den Willen des Menschen allein beeinflußt und gelenkt wurde [24]). Aus dieser Einstellung heraus erscheint es verständlich, daß die Begierde beim Verkehr bekämpft wurde und daß deshalb, wie der spätere, rigorosere Augustinus selbst behauptet, die Betätigung des Triebes nach erreichtem Zweck, also post conceptum oder wegen empfängnisunfähigen Alters der Frau u. ä., nicht mehr gestattet und, wenn auch nur „leichte Sünde“, so doch immerhin Sünde, Beleidigung Gottes war [25]), obwohl er aus vertraulichen Gesprächen wußte, daß es sich um eine praktisch undurchführbare Ansicht handelte [26]). So ist es denn auch wohl zu erklären, daß an bestimmten Tagen, wie an Sonntagen und während der vierzigtägigen Fasten [27]), die Ausübung der ehelichen Pflicht verboten war, abgesehen davon, daß man glaubte, daß Kinder, die an Sonn- oder Feiertagen empfangen würden, mit Schwachsinn oder Krankheit behaftet (Strafe Gottes!) zur Welt kämen [28]). So war es denn nur natürlich, daß

[20]) C. Jul. Pelag. 3, 21, 43 (X, 724); serm. 9, 18; serm. 51, 22; serm. 278, 9 (V, 88 bzw. 345 bzw. 1272); Caesarius, serm. 292, 3 (V, 2298 App.).
[21]) ib. u. wie bei [19]).
[22]) De peccat. mer. et rem. 1, 29, 57 (X, 141 f.).
[23]) De nupt. et conc. 2, 5, 15 (X, 444).
[24]) De civit. Dei 14, 24 (VII, 432 f.); c. Jul. (op. imperf.) 1, 68 (X, 1091).
[25]) Wie bei [19]) u. [20]).
[26]) De bon. conj. 13, 15 (VI, 384).
[27]) Serm. 209, 9 (V, 1052).
[28]) Serm. 292 (V, 2300 App.).

manche auch die volle Konsequenz zu ziehen bestrebt waren und dem persönlichen Beispiele des Apostels Paulus nacheiferten. Die Blüte des Einsiedlertums ist hier ein Zeichen der Zeit. Und wie ein gewaltiges Rauschen ging das Aufblühen der Klöster mit mönchischen Idealen durch die christlichen Länder. Das Zölibat für Priester wurde obligatorisch, und auch bei der großen christlichen Sekte der Manichäer spielte die sexuelle Enthaltsamkeit eine wesentliche Rolle. Und daher konnte sich Augustinus dem bedeutenden Geschehen, den Strömungen der Zeit nicht entziehen, wobei es sich gleich blieb, ob er bewußt dazu Stellung nahm oder nicht. Dazu muß man bedenken, daß, wie v. Harnack sagt [29]), für die alte christliche Frömmigkeit ein Schwanken zwischen Hoffnung und Furcht charakteristisch war. Der Sündenbefreiung durch die Taufe war man völlig gewiß; aber wie erging es dem Sünder nachher? So war denn „die psychologische Form der Frömmigkeit die Unruhe, d. h. die Furcht und die Hoffnung". Gerade diese Stimmung war aber so recht geeignet, um auf empfindsame Menschen besonderen Eindruck zu machen.

Unter diesen Umständen genügte bei der feinen seelischen Konstitution des Heiligen mit ihrer Tendenz nach höherem Streben die eindringliche Sprache des Hortensius, um mit einem Schlage sein Gewissen zu sensibilisieren, wenn ich so sagen darf, um die Fragen zu aktualisieren, deren Lösung sein Gewissen fordern mußte. Das gute und das böse Prinzip, die Gottesidee, die Unsterblichkeit der Seele, „die tiefste Grundlage des christlichen Glaubens auf dem ganzen Erdkreise", und die Frage der Vergeltung, sie verlangten jetzt gebieterisch nach Klärung. Weltbejahung oder -verneinung, zwischen diesen Polen hatte Augustinus letzten Endes schon von hier ab zu wählen.

Und wenn ich also annehme, daß es nicht so sehr die bloße Aufforderung des Hortensius zum Studium der Philosophie nach Bereinigung des sittlichen Lebens an Hand der vier Kardinaltugenden war, die den jungen Draufgänger bändigte, zur Besinnung brachte und zu einem solchen Studium trieb, sondern daß der Hortensius

[29]) Dogm. gesch. 1910, III, 66ff.

nur mittelbar auf dem Wege über sein Gewissen diese Wandlung bewirkte, so erscheint mir, daß es vornehmlich die Frage nach den letzten Dingen war, die Augustinus zum Wahrheitsstudium führte und die für ihn höchstpersönliche Bedeutung hatte. Der Gedanke an ein Jenseits, den er sogar bei dem Skeptiker Cicero entdeckt hatte, machte ihm doch ernstlich zu schaffen. Er mußte und wollte Klarheit bekommen, um beruhigt leben und sterben zu können. Erst später traten rein spekulative Forschungen mehr in den Vordergrund.

Ich möchte sogar glauben, daß Augustin schon damals seine zukünftige Stellungnahme zum Christentum im Auge hatte. Ist die christliche Religion mit ihren Anforderungen an Glaube und Sitte die wahre Weltanschauung, der man sich demnach anschließen muß oder nicht? Das war seine letzte Frage schon damals. Denn es ist doch auffallend, daß er sich im Anschluß an diese Lektüre des heidnischen Cicero nun ausgerechnet dem Studium der Schriften des Alten und Neuen Testamentes zuwendet [30]) und auch nach deren Ablehnung zunächst immerhin im Rahmen der christlichen Lehre forscht, nämlich bei den Manichäern, jener häretischen, christlich-orientalischen Sekte, anstatt sich nun irgendeiner philosophischen Schule zuzuwenden. Wie er sich auch später zunächst von den Philosophen fernhielt, weil ihm hier das christliche Element fehlte; „diesen Philosophen aber die Heilung meiner Seele anzuvertrauen, das wies ich völlig ab, denn ihnen fehlte der heilsame Namen Christi“ [31]). Gleichfalls deutet auch die ständige und intensive Beschäftigung mit ethischen Fragen und besonders dem Böseprinzip nach dieser Richtung. Gerade dieses Verhalten zeigt aber, daß das Christentum ihm damals schon innerlich verwandt war, daß, vielleicht ganz unbewußt, eine Tendenz in ihm vorherrschte, die auf dasselbe hinwies. Augustin selbst sagt später auch stets etwa: „Ich begann mich zu erheben, um zu Dir (Gott) zurückzukehren“ [32]). Dieses „zurückkehren“ findet sich ungezählte Male in seinen Werken.

Wenn Augustinus so auf dem Wege über sein zartes

[30]) Conf. 3, 5.
[31]) ib. 5, 14.
[32]) ib. 3, 4.

Gewissen gezwungen wird, zu den Wahrheiten des Christentums Stellung zu nehmen, so wird natürlich dadurch die spätere Bekehrungsszene im Jahre 386 bei Mailand etwas ihres überragenden Glanzes beraubt, in dem sie bisher durchweg gestrahlt hatte. Denn innerlich hatte ja darnach Augustin sich schon in Karthago mit der Frage der Zuwendung zum Christentum lebhaft und ernstlich beschäftigt, wenn auch verschiedenste Stürme ihn vorerst noch weitab trieben von dem Hafen, wo er Ruhe finden sollte, bis es ihm nach vierzehnjährigen Irrfahrten erst gelang, sicher einzulaufen und Anker zu werfen. Bemerkenswerter noch war der Wandel in seinem sittlichen Denken und Streben auf Grund des Einflusses, den Cicero damals gleichsam auf dem Umwege über sein Gewissen ausgeübt hatte. Und diese Wandlung ist in ihrer Art mindestens ebenso bedeutungsvoll wie der Entschluß zur gänzlichen Enthaltsamkeit später in Mailand.

In seinem sittlichen Leben brach Augustinus schon jetzt endgültig mit dem Streben nach Reichtum. Das wurde ihm am leichtesten; auf Ehren und Sinnenlust zu verzichten, ging aber noch über seine Kraft [33]). Vielleicht ist es auf diese Zeit aber doch auch zurückzuführen, daß er von dem regellosen Geschlechtsleben abstand und fortan nur noch im Konkubinat seine Begierden auslebte. Nach allgemeiner Anschauung war ja dies nicht anstößig, sondern galt im Gegenteil für durchaus erlaubt. Das Konkubinat, das der Mann der Gesellschaft mit einem Mädchen aus einfachen Kreisen einging, da er mit ihr nicht in der Ehe und mit der vornehmen Tochter nicht im Konkubinat leben konnte, hatte nur einige erbrechtliche Nachteile und war so gebilligt von der allgemeinen Auffassung, daß die Kinder, die diesem Verhältnis entsprangen, später wenigstens nicht als illegitim in unserem Sinne betrachtet wurden [34]). Auch die Kirche hat das Konkubinat zugelassen [35]). Nach einem Synodalbeschluß zu Toledo aus dem Jahre 400 war zu jener Zeit wenigstens nur Bedingung, daß das Verhältnis mit einer Frau und auf Lebenszeit eingegangen war, wodurch es ungefähr unserer morganatischen Ehe entsprach.

[33]) Soliloqu. 1, 10, 17 (I, 878): Conf. 8, 7.
[34]) Vgl. Sehling, RE. f. prot. Th. 10, 745 f.
[35]) Wandinger, Wetzer u. Welte's KL.

Ob Augustinus damals glaubte, durch ein entsprechendes Vorgehen der Tugend der Mäßigkeit zu genügen, ist wohl nicht ganz mit Sicherheit zu entscheiden. Er sagt selbst von sich: „In jenen Jahren hatte ich ein Weib, mit dem ich nicht in gesetzlich gültiger Ehe zusammenlebte, sondern meine umherschweifende, törichte Leidenschaft hatte sie aufgespürt; immerhin war es nur e i n e, und ich bewahrte ihr die Treue“[36]). Wenn er so als Bischof und in den sonst so düster gefärbten Konfessionen sprechen konnte, dürfen wir füglich annehmen, daß er damals in jungen Jahren hiermit einen ernstlichen Schritt zur Besserung tat, indem er sich so benahm, daß die allgemeine heidnische Auffassung und auch die strengere christliche Moral befriedigt waren. Es ist nun zwar nicht genau festzustellen, ob er diesen Schritt, sogleich im Anschluß und als Ausfluß jener Anregung der Cicerolektüre tat, doch ist es wahrscheinlich; jedenfalls aber ist sicher, daß er ganz im Anfang, in seiner wilden Zeit, sich mit dieser Konkubine nicht begnügt hatte, da er schon mit achtzehn Jahren seinen Sohn Adeodatus von ihr bekam, wo er noch in wildem Sinnestaumel hin und her geworfen wurde. Auch seine Mutter, die sich von ihrem manichäischen Sohne wegen seiner „gotteslästerlichen Irrtümer“ [37]) zunächst fernhielt und dann auf einen Traum hin wieder mit ihm zusammenlebte, hat, wie wir annehmen dürfen, keinen besonderen Anstoß an der Konkubine genommen. Daß dieses Konkubinat dem von der Kirche anerkanntem völlig gleich kam, ersehen wir wohl aus der Schilderung, die Augustin selbst in den Konfessionen von diesem Verhältnis gibt [38]). Wie schön muß es gewesen sein, wenn er mehr als fünfzehn Jahre später als Bischof s o über die Trennung von seiner Konkubine schreiben konnte! Er stand innerlich zu ihr, wie er schöner zu seiner rechtmäßigen Frau nicht hätte stehen können. Sie, die ihm einen natürlichen Sohn (naturalem filium!) [39]) geschenkt hatte, ging nach Afrika, nachdem sie Gott gelobt hatte, keinem anderen Manne mehr anzugehören. Sie schwur das aber wohl nicht in dem Sinne einer

[36]) Conf. 4, 2.

[37]) ib. 3, 11.

[38]) ib. 6, 15.

[39]) ib. 6, 15.

bekannten Mädchenfigur in unserer klassischen Literatur, sondern weil sie in ihrem bisherigen Verhalten nicht einen Concubinatus temporarius, sondern ein der Ehe entsprechendes Zusammenleben sah, eine Auffassung also, wie sie den damaligen kirchlichen Anschauungen entsprach, und die ihr, wenn sie nicht schon Christin war, jedenfalls den Empfang der Taufe ermöglichte [40]). Augustinus hat sehr lange und heftig darunter gelitten, daß sie „von seiner Seite gerissen wurde“ [41]), wie er charakteristisch sagt. „Aber da mein Herz an ihr hing, war es schmerzlich verwundet und blutete“ [42]). Bei einem solchen Zusammenleben sollte Augustinus doch eigentlich ein beruhigtes und geordnetes Geistes- und Sinnenleben haben führen müssen, wenigstens bis zur Trennung von seiner Geliebten im Jahre 385. Ob die Konfessionen uns hier nicht fehlweisen und uns in eine zu schwarz gefärbte Bahn drängen? Doch lassen wir diese Frage vorerst noch. Wir dürfen jedenfalls annehmen, daß eine gewisse sexuelle Beruhigung durch das Konkubinat eingetreten und somit auch die Grundlage für ein ersprießliches Wahrheitssuchen geschaffen war. Bedenken wir doch ja, daß wir nur für die Reifezeit einen objektiven Maßstab in den eindeutigen Ermahnungsworten der Mutter dafür besitzen, daß Augustin unsittlich lebte. Für die spätere Zeit haben wir außer den eigenen Äußerungen Augustins keine entsprechende Kontrolle. Ja, ich glaube, wir können sogar aus seinen eigenen Werken nachweisen, daß er ein ganz anderer geworden war. Wie hat er sich lange vor seiner „Bekehrung“ als Manichäer über einige „Electi“ empört, die auf der Straße sich Frauen gegenüber herausfordernd und unverschämt benahmen! Er scheute sich nicht, sie deswegen zur Anzeige bei den Vorgesetzten zu bringen. Wie entrüstet war er damals über Ehebruch und Verführung von Tempeljungfrauen durch Manichäer [43])! Mit Recht wird man stutzig, wenn man damit die Selbstbeschuldigungen der Konfessionen vergleicht.

Das Vorstehende mag genügen, um uns die Tragweite dieser ersten Umkehr Augustins in Karthago, ausgelöst

[40]) De fid. et op. 19, 35 (VI, 221) u. Wandinger a. a. O.

[41]) Conf. 6, 15.

[42]) ib.

[43]) De mor. Manich. 18 u. 19, 65—73 (I, 1372 ff.).

durch den Hortensius, auf moralischem und philosophischem Gebiet zu zeigen. Das war die Reaktion auf das Prinzipalerlebnis Augustins, das für ihn das grundlegend wichtigste und zufällig auch das erste Erlebnis war.

So wandte sich denn der junge Philosoph, wie oben schon erwähnt, zur Schrift. Doch sie stieß ihn ab und schien ihm „nicht würdig mit der Ciceronianischen Würde auch nur verglichen zu werden“ [44]), und es dauerte nicht lange, so spottete er über sie[45]). Ihr einfache Sprache und ihr geheimnisvoller, für den menschlichen Verstand nicht sogleich erfaßbarer Inhalt waren seinem Wesen noch zu fremd. Und so wurde er den Manichäern eine leichte Beute. Diese Sekte vermischte in eigenartiger Weise asiatischen Dualismus mit christlicher Lehre [46]). Gott, das gute oder Lichtprinzip, kämpfte gegen die Finsternis, das Prinzip des Bösen. Beiden erkannte man Substanzialität und Persönlichkeit zu. Als „Hörer“ blieb Augustinus neun Jahre, nämlich vom 19.—28. Lebensjahr, in der unteren Stufe dieser Gemeinde und diente wie die anderen in eigentümlich kultischen Handlungen den „Auserwählten“. Wir wundern uns mit Recht, weshalb Augustin es trotz mancher Bedenken, die allerdings heftiger erst ganz gegen Schluß einsetzten, so lange bei ihnen ausgehalten hat. Aber drei Dinge waren es, die ihm das Ausharren lohnenswert erscheinen ließen. Die Manichäer versprachen nämlich dem jungen Menschen statt des Glaubens, der von der katholischen Kirche gefordert wurde, ein sicheres Wissen [47]) von den Dingen und der Welt und gingen auch von diesem Standpunkt als „freie Bibelforscher“ an die Deutung der Schrift. Dann aber stand er als „Hörer“ mit seinem Sexualleben in keinerlei Widerspruch zu seinen Lehren, da nur für die Auserwählten Keuschheit, und zwar vollkommene, verlangt wurde. Und endlich konnte er hier hoffen, Gelegenheit zu finden, ein Problem, das ihm ganz besonders am Herzen lag und von den Manichäern eifrigst erwogen wurde, der Lösung näher zu bringen, nämlich das Problem des Bösen.

---

[44]) Conf. 3, 5.

[45]) ib. 3, 10.

[46]) Vgl. hierzu und zum folgenden bes. Conf. lib. 3, 4 u. 5.

[47]) Conf. 6, 5.

So sah Augustin denn über manches hinweg, was seiner ganzen Veranlagung wohl sicher nicht so recht paßte, wenn er sich nicht bemühte, auch hierin sich zurecht zu finden.

Während er nun anfangs allgemeine Studien trieb und sich mit Leichtigkeit in die Werke des Aristoteles versenkte [48]), wurde er später mehr von astrologischen und horoskopischen Aufgaben abgelenkt, an deren Ergebnisse er wie an unerschütterliche Wahrheiten glaubte [49]). Er war so sehr in den Lehren Manis heimisch geworden und selbst so von ihrer Richtigkeit überzeugt, daß er gegen die katholischen „Irrlehrer“ heftig ankämpfte [50]). Es ist ein Zeichen dafür, daß der Rhetor über eine glänzende Redekunst verfügt haben muß, wenn er ein Dezennium später die Manichäer mit derselben Waffe in Grund und Boden vernichten konnte, wie er es damals mit seinen katholischen Feinden tat.

Mit der ganzen Leidenschaftlichkeit seiner Natur hatte er sich dieser Sekte verschrieben und versuchte, da er beabsichtigte in ihr voranzukommen, auch seine Freunde vom katholischen Glauben zu sich herüberzuziehen. Erst später gingen ihm über astronomisch-astrologische Fragen Zweifel auf, die immer dringendere Gestalt annahmen, zumal man hier doch Glauben von ihm verlangte. Eine Aussprache mit Faustus von Milet, einem manichäischen Bischof, öffnete Augustin mit 29 Jahren völlig die Augen. Das angenehme und durchaus bescheidene, ehrliche Benehmen des sehr berühmten Mannes konnten ihn nicht darüber hinwegtäuschen, daß sachlich nicht zu beseitigende Mängel im manichäischen System vorhanden waren. Immerhin blieb er Manichäer, weil er zuwarten wollte, bis er etwas Besseres fände; doch wurde das Verhältnis zu der Sekte dadurch gelockert und gleichgültig.

Gegen Ende seiner tätigen Zugehörigkeit zu den Manichäern, schrieb Augustinus mit 26 oder 27 Jahren das einzige Werk seiner vorchristlichen Lebenszeit, das leider nicht mehr auf uns gekommen ist, und das auch er

---

48) Conf. 4, 16.

49) ib. 7, 6.

50) C. ep. Man. (qu. voc. fundam.) 3, 3 (VIII, 174 f.); Conf. 3, 12; de duab. animab. 9, 11 (VIII, 102).

selbst schon sehr früh verloren hatte. Bezeichnend ist die ästhetisch-ethische Einstellung des Verfassers, der damals auf seine Erstlingsveröffentlichung besondern Wert legte. „De pulchro et apto" hatte er sie benannt und behandelte hier diese Gegenstände mit dem nachweisbaren Suchen nach festen Normen für ästhetische Empfindungen und sittliche Forderungen [51]). Es war eine Arbeit, die aus seinem persönlichen Empfinden oder vielmehr Mißempfinden, aus der Unruhe seiner Seele geboren war.

Nachdem Augustin bei Faustus nicht das gefunden hatte, was er suchte und brauchte, kam er jetzt in eine Zeit gewisser Gleichgültigkeit. Er ließ den Dingen mal ihren Lauf. Sich von den Manichäern zu trennen, bestand kein Anlaß, zumal sie zahlreich und nicht ohne Einfluß waren, und er selbst ihrer Fürsprache viel, ja den Aufstieg in seiner äußeren Laufbahn ganz verdankte [52]). Innerlich neigte er vorübergehend, und wie als natürliche Reaktion begreiflich, der Schule der Akademiker [53]) zu, deren oberster Grundsatz die Skepsis war. Wir Menschen können mit unserem Verstande eben einfach den Dingen nicht auf den Grund gehen und müssen diese Tatsachen als etwas Unabänderliches hinnehmen und uns bescheiden.

Es verdient einer besonderen Beachtung, daß Augustin sich jetzt, also mit 29 Jahren, innerlich wenigstens ganz vom Christentum löste, an dem er bisher, wenn auch nur mit schwachen, manichäischen Fäden, so aber doch wenigstens immer noch gehangen hatte. Der katholischen Kirche hatte er ja nach anfänglichem Bemühen, wie wir schon erfuhren, den Rücken gekehrt, und war in seinen manichäischen Lehrlingsjahren in dieser Ablehnung bestärkt worden. Gelegentliche Versuche, zur katholischen Kirche zurückzukehren, scheiterten besonders daran, daß ihm der Gedanke unfaßbar war, Gott habe Menschengestalt annehmen können und er habe das Böse — eine körperliche Substanz, wie er damals annahm — geschaffen. Auch für andere Anschauungen, die der Vernunft widersprachen und Glauben forderten, war er mit seiner damals noch überwiegend rationalistischen Denkungsart in keiner Weise zugänglich. In dieser Haltung eines

[51]) Conf. 4, 13 u. 15.
[52]) ib. 5, 13.
[53]) ib. 5, 10.

innerlich gleichgültigen Menschen kam Augustinus um 385 nach Mailand. Von Ambrosius hatte er schon viel gehört, und es war deshalb nur natürlich, daß er ihn sich anhörte, und zwar aus rein fachlichem Interesse. An der Sache lag ihm nichts, denn er wußte, daß er „die Wahrheit bei der katholischen Kirche ganz und gar nicht erwarten durfte“ [54]).

Nun war aber die Geistesverfassung scheinbarer Ergebung und gleichgültiger Ruhe auf Grund akademischer Lehren etwas, was auf die Dauer nicht zu Augustins Persönlichkeit paßte.

Auch war inzwischen etwas eingetreten, was ihn wieder peinlichst aus der Lethargie herausriß und an die unruhvollen Tage seiner wilden Jugendjahre erinnern mußte. Er, dem es unverständlich war, wie man sich von aller Fleischeslust enthalten konnte [55]), und der auch dem Zölibat des hl. Ambrosius damals noch ziemlich verständnislos gegenüberstand [56]), lebte in dem nun schon viele Jahre dauernden Konkubinat und hatte damals, wie schon früher hervorgehoben, keine Veranlassung sich darüber zu beunruhigen und aufzuregen. Er stieß sich in der Tat auch wohl nur daran, daß es einer Ehe nicht gleich geachtet wurde und ihn in seiner Laufbahn möglicherweise hindern konnte. Er meinte es ehrlich, wenn er dem Alypius von den Freuden eines dauernden Verhältnisses spricht und wenn er sagt, daß er diese Lebensweise nicht aufgeben wolle und könne, wenn dem Konkubinat nur der ehrbare Name einer gesetzlichen Ehe zukäme [57]). Und der Gedanke an seine Zukunft war es, der ihm den Wunsch nach einer Ehe nahelegte; daß er dadurch am Studium der Weisheit gehindert würde, oder, wie Alypius meinte, seinem Freundeskreise entzogen würde, befürchtete er damals noch keineswegs [58]), weil seine Begierden in geordneten Bahnen befriedigt wurden.

Besonders war es Monnika, die den Eheplan eifrig betrieb. Augustin berichtet, daß sie sich vor allem bemühte, noch vor seiner eventuellen Taufe die Heirat zu-

---

54) Conf. 5, 13.
55) ib. 6, 12.
56) ib. 6, 3.
57) ib. 6, 12.
58) ib. 6, 11 u. 12.

stände zu bringen [59]). Ein junges Mädchen, ein Kind noch, suchte man für ihn aus, so daß er noch zwei Jahre warten mußte, bis er sie nach dem Gesetz überhaupt heiraten konnte. Die Konkubine mußte nun weichen, „weil sie der beabsichtigten ehelichen Verbindung im Wege stand“ [60]), trotz des herben und edlen Schmerzes, den Augustin um sie litt.

Jetzt aber kam ihm die Stärke seiner Triebhaftigkeit und seine knechtische Abhängigkeit zum zweiten Male unliebsam und peinlich zum Bewußtsein. Der Schmerz über die Trennung war noch nicht verrauscht, so mußte er zur Stillung seiner Leibeswünsche eine andere Frau zum bewußt kurzfristigen Verhältnis nehmen trotz seiner Verlobung und der in zwei Jahren in Aussicht genommenen Heirat. Wiederum beginnen wie mit 19 Jahren heftige Gewissensbisse ihre Tätigkeit und wiederum war es die Furcht, die ihn in Schrecken versetzte, die tief in seinem Innern begründete Furcht (metus qui numquam recessit de pectore meo) [61]) vor dem Tode und dem kommenden Gericht. Sie war es ja auch, die ihn abgehalten hat, der Lehre Epikurs die Palme zu reichen [62]), als er mit den Akademikern auf die Möglichkeit der Erfassung der Wahrheit resigniert verzichtet hatte.

Diese neue Zeit der sexuellen Hochspannung traf nun aber einen anderen Augustinus als vor etwa 14 Jahren. Gerade in dieser Periode war ihm über Gott, das Böse und die Leidenschaft eine neue Gedankenwelt aufgegangen, von der wir aber erst im nächsten Abschnitt berichten wollen. So kam denn Verschiedenes zusammen, daß Augustin sich doch von den Manichäern trennte.

Schrittweise näherte er sich, wie er selbst sagt, auf der anderen Seite wieder der katholischen Kirche. Die Freude an des großen Bischofs formvollendeten Predigten führte ihn unversehens auch wieder zu dem Inhalt der hl. Schrift. Und dabei lernte er bei Ambrosius etwas ganz Neues. Nach dem Bibelwort: Der Buchstabe tötet, der Geist aber macht lebendig (2. Kor. 3, 6) versuchte er, in den Sinn der evangelischen Darlegungen einzudringen

[59]) Conf. 6, 13.
[60]) ib. 6, 15.
[61]) ib. 6, 16.
[62]) ib.

und war der Ansicht, daß man deuten könne und müsse und es nicht angehe, ihre zum großen Teil allegorischen Darstellungen nur wörtlich zu nehmen. Das hatte er noch nirgends gehört und war doch so verständlich. Für diesen Wandel in seiner Anschauung sehen wir keinen anderen Grund als eine affektive Reaktion auf die skeptische Phase seiner Akademikerzeit. So empfand er zunächst, daß auch die Katholiken mit vernünftigen Gründen ihre Lehre darlegten, war deshalb aber doch noch ein gutes Stück Wegs davon entfernt, sie nun als die einzig wahre zu betrachten. Immerhin war ihm zweierlei gewiß geworden, nämlich die Notwendigkeit einer Trennung von den Manichäern [63]) und des Eintritts und Verbleibs in der katholischen Kirche als Katechumene, bis er sich selbst klarer geworden wäre, ob er bei ihr das lang Gesuchte fände oder nicht [64]). Mit diesem Entschluß war äußerlich somit also seit der Lektüre des Cicero der Zusammenhang mit dem Christentum im weitesten Sinne gewahrt geblieben. Von dem Hörertum der Schüler Manis ging er in das katholische Katechumenat. Innerlich war seine Brust zerrissen ob der vielen Zweifel und Schwierigkeiten; denn er fühlte, daß die Zeit nahe rückte, wo er sich entscheiden mußte, entscheiden für ein Alles oder Nichts. Und diese Entscheidung mußte in mehr als einer Beziehung einschneidend in seine bisherige Lebensführung, ja in sein ganzes Leben werden. Wie die Antwort ausfallen würde, ahnte er wohl damals schon, doch er scheute sich selbst noch vor ihr; noch war er nicht reif für sie, noch hing er zu sehr an dieser Welt und ihren Freuden.

3. Augustin als katholischer Christ, Priester und Bischof.

Den vorigen Abschnitt haben wir mit dem Entschluß Augustins beendet, sich vorläufig der katholischen Kirche anzuschließen und die weitere Entwicklung abzuwarten. Den neuen können wir schon mit der entscheidenden Wendung beginnen. Die Eindrücke, die ihn bestürmten, häuften sich Schlag auf Schlag, seine innere Spannung war

[63]) Conf. 6, 1.
[64]) ib. 5, 14.

aufs höchste gestiegen, und so konnte auch die nach irgendeiner Richtung hin entscheidende Tat nicht ausbleiben. Denn Klarheit für sein zukünftiges Leben brauchte er notwendiger als alles andere, das ewige Hin und Her rieb ihn vollends auf und machte ihn zu allem unfähig.

Die Bekehrungsszene ist wohl das bekannteste Ereignis aus dem Leben unseres Heiligen. Die meisten Christen wissen auch nicht mehr von ihm, als daß er durch Gottes wunderbare Fügung aus einem wilden Heiden und ausgemachten Sünder in einen frommen und reinen Christen verwandelt wurde. An dieser Auffassung ist Augustin selbst, wie wir später zeigen werden, nicht ganz unschuldig, vor allem aber die Tatsache, daß die Konfessionen so hingenommen wurden, wie sie geschrieben sind, und daß man es unterlassen hat, ihren tieferen Sinn zu erfassen. Wir müssen uns hier mit der Angabe begnügen, daß die Konfessionen, die unsere Hauptquelle für die Bekehrung darstellen, auf dieselbe als auf einen ihrer Gipfelpunkte hinstreben und somit tendenziösen Charakter tragen. Wir werden deshalb gut tun, hier ganz besonders alle Werturteile zu vernachlässigen und nur auf die Tatsachen achtzugeben. Diesen aber dürfen wir uns im allgemeinen ruhig anvertrauen, da wir an Augustins Schriften jener Zeit immer wieder sehen, daß er — von der bona fides ganz zu schweigen — von seinem Gedächtnis nur selten im Stich gelassen wurde. Unbeabsichtigte Selbsttäuschungen durch mit der Zeit und den Umständen eingetretene Affektverschiebungen berücksichtigen wir am besten, wenn wir, wie vorhin gesagt, alle ethischen und gefühlsmäßigen Wertungen, die Augustin in den Konfessionen an die Schilderung seiner Bekehrung heftet, sorgfältig fortzulassen uns bemühen. Nur so können wir zu einem klaren Bilde gelangen. Und auch wir selbst müssen uns von aller gefühlsmäßigen Einstellung freimachen, wenn wir hier die Wahrheit ergründen wollen.

Überblicken wir noch einmal kurz die Situation. Von den Manichäern hatte Augustin sich endgültig getrennt. Des hl. Ambrosius Predigten ließen es ihm entgegen seiner früheren Ansicht doch möglich und nötig erscheinen, sich mit dem Katholizismus als einem ernstzunehmenden Faktor auseinanderzusetzen.

Neuplatonischer Geist hatte nun inzwischen auf Augustinus eine gewaltige Wirkung gehabt und eine grundsätzliche Umstimmung seines Denkens gebracht, indem er ihn für rein geistiges Sein empfänglich machte. Hierdurch wurde er auch von dieser Seite dazu vorbereitet, mit anderem Geiste als bisher sich der katholischen Lehre zu nähern, so daß ein bis dahin nicht vorhandenes Verständnis für sie sich ihm jetzt erschloß. Beide, Christentum und Neuplatonismus, begegneten sich auch darin, daß sie eine vita purgata als Voraussetzung zur Erreichung des letzten Zieles, der Wahrheit und damit der Glückseligkeit verlangten. Unter diesen Voraussetzungen handelte es sich für Augustinus jetzt um zwei Entscheidungen, deren getrennter Verlauf deutlich zu verfolgen ist, nämlich einmal um die Frage, ob die katholische Kirche im Besitze der Wahrheit schlechthin sei und ferner um die Entscheidung, ob er völlige Enthaltsamkeit üben müsse oder nicht. Nur diese letztere Frage ist streng genommen Gegenstand der sogenannten Bekehrungsszene.

Das Streben der gebildeten heidnischen Männer jener Zeit ging auf in dem Wunsche nach Reichtum, Ehren und Sinnenlust. Reichtum, Ehre und Sinnenlust ist die ständige Redensart, in der der Daseinszweck des Menschen für sie gipfelte. Diese Trias finden wir auch bei Augustinus wiederholt [1]). Der Verzicht auf sie war das Bestreben der neuplatonischen Philosophen, da nur der Geist den Gefilden der intelligiblen Welt zufliegen und in ihr verweilen konnte, dessen Körper nicht von den Dingen der niederen, der sensiblen Welt beschwert, behindert und beunruhigt war. Und ebenso glaubte der Christ mit Paulus Gott nur dann ganz angehören zu können, wenn er sich von allen Leidenschaften fern hielt, von der sündhaften Lust ganz zu schweigen.

In den beiden Lagern, in denen Augustin festen Fuß zu fassen begann und deren Lehren er selbst miteinander verglich, war man also über diese Grundfrage ganz einig. Wie sollte sich nun Augustinus dazu stellen? Seit den Tagen des Hortensius hatte er sich entschlossen, auf Reichtümer zu verzichten. Dieser Entschluß ist ihm sehr leicht (facillime) geworden [1]). Doch das Verlangen nach

[1]) Vgl. z. B. Anm. [33]) S. 27.

Ehrenstellen war in ihm wach geblieben, und der Bann der Sinnenlust hielt ihn fest. Seit jener Zeit aber hatte er mit diesen beiden Wünschen mehr oder weniger gekämpft und besonders sich mit seiner sinnlichen Leidenschaft auseinanderzusetzen gesucht, doch wohl gemerkt, nicht vom Sündenstandpunkt aus, sondern weil nach der Auffassung, die schon Cicero in seine Brust gesenkt hatte, nur der von den Fesseln der Leidenschaft befreite Geist nach Wahrheit forschen, der Glückseligkeit teilhaftig werden könne. Zur Klarheit konnte er sich noch nicht durchringen, solange er selbst fühlte, wie stark seine Leidenschaft war. Kurz vor seiner jetzigen Zeit hatte es ihm ja besonders die beabsichtigte und doch mißglückte kurze Zeit des enthaltsamen Wartens bis zu seiner Verheiratung wieder gezeigt. Hier drängte jetzt die Entscheidung, zumal er offensichtlich unter dem mächtigen Einfluß des hl. Paulus stand. („Perlegi totum [Paulum] intentissime atque cautissime") [2]).

Es kamen einige Anlässe hinzu, die sie förderten [3]). Der ehrwürdige Katholik Simplicianus, dem wir später noch einmal begegnen werden, hatte Augustinus von dem berühmten Redner und Philosophen Victorinus erzählt, der ein großer Anhänger der Neuplatoniker war und von seinen Zeitgenossen so verehrt wurde, daß man ihm auf dem Forum zu Lebzeiten eine Ehrensäule errichtet hatte. Dieser bekehrte sich zum Christentum, überwand schließlich seine anfängliche Scheu vor den Menschen, indem er sich offen zu ihm bekannte und auf die Welt verzichtete. Der Landsmann Ponticianus erzählte dem Freundespaar Augustin und Alypius dann von den bekannten Taten des Einsiedlers Antonius (gest. 356), der Einsiedler und Mönche überhaupt und von der Weltflucht zweier kaiserlicher Beamten in Trier, die durch des Antonius Beispiel zu einem Gleichen veranlaßt wurden. Die Wirkung dieser Taten auf Augustin blieb nicht aus. „Die Ungebildeten," sagte er, „stehen auf und reißen den Himmel an sich, und wir mit unserer Gelehrsamkeit, siehe, wie tief wir in Fleisch und Blut vergraben sind. Oder schämen wir uns, daß sie vorangegangen sind, statt daß wir uns schämen sollten, nicht wenigstens ihre Nachfolger zu sein." Unter

[2]) C. acad. 2, 12, 5 (I, 922), bes. Galat. 5, 24.
[3]) Vgl. hierzu Buch 8 der Konf.

dem frischen Eindruck dieser Erzählungen ging er in furchtbarer Aufregung und wie verstört in den zu seiner Mailänder Herberge gehörigen Garten seines Freundes. Alypius folgte ihm, weil er ihm offenbar nicht ganz traute und der Zustand ihm beängstigend erschien, da er so etwas noch nicht erlebt hatte. Weit vom Hause setzten sie sich nieder; doch der eigentliche Kampf begann erst. In höchster Erregung raufte sich Augustin das Haar, schlug sich an die Stirn und wand sich hin und her, bis ein mächtiger Tränenstrom sich löste. Er entfernte sich dann abermals von Alypius, um sich den Tränen und Klagen ungehemmter hingeben zu können. Er warf sich unter einen Feigenbaum und sprach mit Gott und „ich weinte dazu in der bittersten Zerknirschung meines Herzens". Da war es, wo er von einer Kinderstimme aus dem Nachbarhause die Worte hörte: „Tolle, lege." Augustinus war plötzlich verändert und suchte nach einer Erklärung. Da er keine fand, bezog er die Worte auf sich und hielt die Stimme für einen göttlichen Befehl, zumal er sich erinnerte, daß auch Antonius auf diese Weise zur Einkehr veranlaßt worden war. Er ging daher schleunigst zu Alypius zurück, wo er seinen ständigen Begleiter der letzten Zeit, die Briefe Pauli, zurückgelassen hatte. Er las schweigend, wohin bei wahllosem Öffnen die Augen zuerst fielen: „Nicht in Schmausereien und Trinkgelagen, nicht in Schlafkammern und Unzucht, nicht in Zank und Neid; sondern ziehet den Herrn Jesum Christum an" (Röm. 13, 13 f.).

Seine Zweifel waren gelöst, die Frage war entschieden, Augustinus war geheilt. Da gab es denn kein Schwanken mehr, nachdem, wie er annehmen mußte, Gott selbst das letzte Wort gesprochen hatte. Und in der Tat führte Augustin von jenem Tage an ein enthaltsames Leben.

Es hat den Anschein, daß er gleichzeitig mit dem Verzicht auf die Befriedigung der Fleischeslust auch dem ehrgeizigen Streben nach Amt und Würde entsagte [4]). Es ist ihm dann aber wie Victorinus gegangen, da er nicht alsogleich den Mut aufbrachte, durch ein offenes Bekenntnis, durch eine klare Darlegung der Verhältnisse endgültig Verzicht zu leisten und Abschied von dieser Welt zu neh-

[4]) Conf. 9, 1.

men. Rücksicht auf die Freunde hielt ihn davon ab, und erst ein Brustschmerz, der ihn allerdings auch lebhaft quälte, war dann nach einigen Wochen der willkommene Vorwand für seine Amtsniederlegung [5]) und die Freimachung seiner Kräfte für höhere Aufgaben.

So war das Ergebnis dieser körperlich-seelischen Erschütterung die klare und bündige Beantwortung der einen. seiner zwei Hauptschwierigkeiten, nämlich der Frage, ob er auf Reichtum, Ehre und Sinnenlust völlig verzichten solle.

Fand auch die weitere Frage, ob die Wahrheit nur in der katholischen Kirche zu finden sei, bei dieser Bekehrung ihre Lösung? Die Worte im Römerbriefe könnten die Vermutung nahelegen, daß Augustin durch den Schlußsatz „sondern ziehet den Herrn Jesum Christum an“, wenn er noch im Zweifel gewesen wäre und geschwankt hätte, zum mindesten gewußt hätte, was er nun zu tun habe. Denn nur auf den Vordersatz Gewicht zu legen und nur ihn für ein Wort Gottes zu halten, den Nachsatz aber zu vernachlässigen, geht nicht an, und würde Augustinus wohl auch nicht getan haben. Er selbst berichtet im Anschluß an die Bekehrung nicht weiter darüber. Es spricht aber manches dafür, daß Augustinus sich schon vor dieser Gartenszene endgültig und fest entschlossen hatte, Katholik zu werden, daß er in der katholischen Kirche die Vertreterin der einen reinen Wahrheit sah, und daß er bereit war — unbeschadet späterer Forschung — sich ihrer Autorität zu beugen. Es ergibt sich nämlich aus dem ganzen Sachverhalt, daß er diesen Entschluß während oder nach der Szene nicht faßte. Im Gegenteil, in den Konfessionen berichtet Augustinus ausdrücklich, daß ihm die Wahrheit vorher schon sicher gewesen sei. Er sagt schon vor dieser Szene von sich, daß er früher den Vorwand gehabt habe: erst will ich die Wahrheit erfassen, dann will ich umkehren. Das sei aber hinfällig geworden, da er die rechte Wahrheit schon besessen habe und von ihr überzeugt gewesen wäre [6]). So konnte Augustin dann mit Recht fortfahren: „Ich will erzählen, wie Du (Gott) mich befreit hast von den Banden der sinnlichen Liebe und der Knechtschaft der weltlichen Ge-

[5]) De beat. vit. 1, 4 (I, 961).
[6]) Conf. 8, 5 u. 7.

schäfte" [7]). Das bezieht sich zweifellos auf die Bekehrungsszene, und doch ist da von einer Glaubensbekehrung keine Rede mehr. Und auch in seiner ersten Schrift aus Cassiciacum erwähnt er als Ergebnis dieses Seelenkampfes nur die plötzliche Besiegung jener schrecklichen inneren Leidenschaftlichkeit [8]).

Wenn wir gelegentlich der Einwirkung der Hortensiuslektüre auf Augustinus von einer Verdunklung des strahlenden Glanzes dieser Bekehrungsszene sprachen, so tun wir das hier jetzt nach den vorangehenden Darlegungen noch mit größerem Recht. Im strengen Sinne handelt es sich um gar keine Bekehrung vom Unglauben zum Glauben mehr, sondern um einen sittlichen Wandel, um eine Einkehr. Die Glaubensbekehrung war, wenn auch noch nicht lange, so doch schon vorangegangen.

Wir möchten sagen, daß die Gartenszene nach vorübergehendem Schwanken nur einen Schritt weiter in der Vervollkommnung seines Menschtums darstellt, nämlich zu einem Bekenntnis zu mönchischen Idealen, besonders zum Zölibat. Augustinus hatte sich dem hl. Paulus angeschlossen, mit dessen Lebensgang ihn ja Ähnlichkeiten mancher Art verbanden. Auf halbem Wege, mit einem Kompromiß war es nicht gegangen, also erwählte er den schwereren und nach Ansicht der Kirche wie der damaligen großen Philosophen vollkommeneren Weg völliger Enthaltsamkeit. Natürlich gehört auch diese Wandlung mit der eigentlichen Glaubensbekehrung aufs engste sachlich zusammen und ist auch zeitlich nur wenig von ihr getrennt.

Jedenfalls aber ist diese ganze Szene aus der bisherigen Entwicklung Augustins völlig zu verstehen. Es handelt sich weder um die plötzliche Bekehrung aus einem Heiden zu einem Christen, noch um die Wandlung eines leichtsinnigen Sünders in einen Heiligen. Gewiß wird der gläubige Mensch überall Gottes führende Hand heraussehen und -lesen. Aber es wäre falsch, zu glauben, nur ein Wunder habe hier mit einem Schlage eine solche Wandlung in solch kurzer Zeit herbeiführen können. Schrittweise ergab sich der Anstieg zum Gipfel, und aus Motiven, die alle in Augustin selbst schon bereit lagen. Wir haben hier sichtlich eine allerdings unter Schmerzen

[7]) Conf. 8, 6.
[8]) C. acad. 1, 1, 2 (I, 920).

geborene sittliche Tat allerersten Ranges des Menschen Augustin vor uns.

Schwankend kann die Ansicht über den „visionären“ Zustand Augustins sein, und es verlohnt sich wohl, einige Augenblicke bei ihm zu verweilen. Augustin sagt ausdrücklich, er habe eine Stimme gehört wie von einem Knaben oder Mädchen, die in singendem Tone sagte und oftmals wiederholte: tolle lege, tolle lege, d. i. nimm und lies, nimm und lies. Es ist möglich, daß Augustin tatsächlich diese Worte hörte und wir, wie er, nicht wissen, was sie bedeuten sollen, ob ein Kinderspiel, wie v. Harnack meint, oder sonst etwas Ähnliches. Augustinus kann sich aber auch verhört haben, obwohl mir das nicht wahrscheinlich erscheint. Und schließlich braucht er gar nichts gehört zu haben, und die Stimme war nur ein Ausdruck seines übererregten Geistes und ein Erzeugnis seines Gehirnes selbst. Wir wissen es nicht genau, jedenfalls können wir es uns natürlich erklären ohne die Annahme eines außer der natürlichen Ordnung liegenden Geschehens, also eines Wunders, machen zu müssen. Und ich glaube wohl nicht zu irren, wenn ich annehme, daß die moderne Auffassung der Theologen auch in der Richtung geht, daß man nicht ohne Not ein Wunder annehmen soll. Manch unliebsame Erfahrungen, die auf der Beschränktheit des menschlichen Wissens beruhen, lassen sich so vermeiden. Wie es sich nun auch mit der Kinderstimme verhalten haben mag, ob sie als tatsächlich gegeben, illusionär oder halluzinatorisch aufzufassen ist, bleibt sich ganz gleich. Wesentlich ist nur, daß Augustin sie, weil er sie nicht erklären konnte, auf sich bezog. Dieser Schluß war nicht ohne weiteres erlaubt, ist aber verständlich aus der Aufregung und der erhöhten Egozentrizität, in der sich Augustin gerade befand. Wir dürfen auch nicht vergessen, daß Augustin durch neuplatonische Einflüsse mystischen Erscheinungen sehr zugänglich geworden war, während er früher nüchterner in diesen Dingen sah. Doch selbst in diesem schwer erregten Zustand sehen wir einen seltsamen Zwiespalt. Die Erregung geht bis zu einer gewissen Höhe, um sich auf dem natürlichen Wege der Tränen und körperlichen Entlastungsbewegungen (Umherlaufen, Haarraufen, „Austoben in Worten“ usw.) Luft zu schaffen. Unmittelbar nach dem e r s t e n halluzinatorischen Erlebnis jedoch kommt der besonnene Mensch wieder zum Vorschein. „Alsobald veränderte sich meine Miene, und ich begann aufs angestrengteste nachzudenken, ob etwa . . .; da hemmte ich den Andrang meiner Tränen und stand auf . . .; in großer Eile kehrte ich nach dem Orte zurück . . ., ergriff das Buch, öffnete es und las schweigend die Stelle, auf welche meine Augen zuerst gefallen waren, . . . Ich las nicht weiter und bedurfte dessen auch nicht, denn sogleich, da ich den Satz beendet hatte, war mein Herz von dem Lichte hellster Zuversicht durchstrahlt, und alle Finsternis des Zweifels war geflohen." Augustinus konnte seine sachlich-kritische Natur und Vergangenheit nicht verleugnen, er brachte es höchstens — und nur einmal in seinem Leben — unter stärkstem seelischen Druck zur Pseudoekstase.

Etwas anders liegt es mit der aufgeschlagenen Paulusstelle. Daß Augustin nun ausgerechnet die Stelle aufschlägt, deren Inhalt sein Inhalt ist und deren Lösung die Lösung seines Problems bedeutet, das kann natürlich zu denken geben. Wer hier einen Fingerzeig besonderer göttlicher Wirksamkeit, ein Wunder, sehen will, dem muß man dies als Erklärungsmöglichkeit lassen; wer aber mehr Vertrauen zum Zufall hat, dem kann man auch nicht widersprechen [9]).

Wenn wir so auch die zentrale Stellung, die Augustin aus besonderen Gründen der Bekehrungsszene gegeben hat, nicht anerkennen, so gehen wir doch keineswegs so weit, ihr jegliche Bedeutung abzusprechen und in ihr etwa nur ein ehrgeiziges Bemühen Augustins zu sehen, es Männern wie Antonius und Victorinus gleichzutun [10]). Im Gegenteil, sie ist ein integrierender Bestandteil in der Entwicklung Augustins. Auf Grund der Kenntnis seiner Persönlichkeit darf man sogar sagen, daß er ohne sie wohl nie das hätte werden können, was er später geworden ist.

---

[9]) Statt vieler Worte ein Beispiel: Einige Wochen nach der Niederschrift obiger Zeilen unterhielt ich mich mit einem Theologen über das Gedenken der Toten im Meßopfer bei den ersten Christen. Er wies mich darauf hin, daß Monnika ihren Sohn schon gebeten habe, ihrer beim Meßopfer zu gedenken. Da mir die Stelle unbekannt war, nahm ich die Konfessionen zur Hand, schlug auf und las, wohin gerade die Augen fielen: „Nur um das eine bitte ich euch, wo ihr auch sein werdet, gedenkt meiner am Altare des Herrn" (v. Hertling, Konfessionen, S. 405 [9, 11]).

[10]) Thimme, S. 23.

Und worin liegt ihre Bedeutung? Subjektiv in der sittlichen Tat; objektiv darin, daß, nachdem Augustin sich unter die Autorität der katholischen Kirche gestellt hatte, sie, d. i. die völlige Ausschaltung seiner sinnlichen Lust als Quelle der Unruhe und seiner alten Liebe zur Welt, ihm erst die Möglichkeit gab, seinen Gedanken den Flug zur Höhe, zur Erforschung der reinen Wahrheit zu geben, den er als Mensch und Christ brauchte.

Wenn v. Harnack meint, der große Bruch habe sich lediglich auf den äußeren Beruf und die geschlechtliche Entsagung bezogen, nicht aber auf den bisherigen Kreis seiner Interessen [11]), so kann man dem nach dem Ausgeführten wohl zustimmen. Wenn er aber vorhergehend meint, „damals war er noch kein kirchlicher Theologe, vielmehr lebte er, trotz der Entschlossenheit, sich der Kirche zu unterwerfen, noch ganz und gar in den philosophischen Problemen" [12]), so scheint er hier doch die Motive zu wenig zu beachten, die Augustin zu diesen philosophischen Studien in Cassiciacum veranlaßten. Hier mag die Bemerkung genügen, daß er, wie seinen damaligen Werken stets zu entnehmen ist, diese Forschungen im Sinne und im Hinblick auf die Wahrheiten der katholischen Kirche betrieb, deren Absolutheit er restlos anerkannt hatte. In dieser Hinsicht muß man auch Thimme widersprechen, der zwar annimmt, daß Augustin als Taufkandidat das katholische Dogma akzeptierte, daß er aber von innerer Aneignung des Dogmas sich weit entfernt zeigte [13]). Gewiß war Augustin mit der Übernahme des Katechumenats, mit der Anerkennung der kirchlichen Autorität nicht als ein vollendeter Katholik mit vollkommener Aneignung aller spezifisch katholischen Wahrheiten gleichsam aus der Asche hervorgestiegen, es steckte auch noch manch grundlegender Irrtum in seiner Auffassung, und es hat erst eine viel spätere Zeit ihm die letzte Vollendung in dogmatisch-moralischen Fragen gebracht. Aber es ist doch staunenswert, in wie hohem Grade er sich schon damals das Wesentlichste der katholischen Lehre angeeignet hatte, und wie ernst und groß sein Bemühen war,

[11]) v. Harnack, Gießen 1904, S. 63.
[12]) ibid.
[13]) Thimme, S. 38.

darin fortzuschreiten. Das zeigen seine Schriften aus Cassiciacum ganz deutlich.

Völlig unverständlich erscheint mir deshalb, wie Scheel zu der Auffassung gekommen ist, daß die sogenannte Bekehrung kein entscheidendes Moment für Augustin gewesen sei [14]), und daß er deshalb hier auch keinen neuen Wendepunkt im Leben Augustins angesetzt sehen will, wie es die Konfessionen vermuten ließen. Durch die Bekehrung sei seine religiöse Gedankenwelt nicht beeinflußt worden [15]). Es scheint mir, daß auch hier doch eine Überschätzung der neuplatonischen Forschungen Augustins in Cassiciacum mit unterlaufen ist und daß übersehen wurde, daß diese nicht Zweck an sich, sondern nur Mittel zum Zweck geworden sind. Ja man ist angesichts dieser Behauptungen zu fragen versucht, weshalb meldet sich denn Augustin, wenn seine Bekehrung keinen wichtigen Lebensabschnitt bedeuten soll, überhaupt als Katechumene an und warum läßt er sich denn dann taufen? Und was hätte es für einen Sinn zu beten: Deus qui nos convertis, Deus qui nos in omnem veritatem inducas, Deus qui nos revocas in viam . . . adveni mihi propitius tu, oder wenn er bittet: Recipe, oro, fugitivum tuum, Domine, clementissime pater [16]). Ja was hatte es für einen Sinn, daß er überhaupt betete, nicht nur das große Gebet der Soliloquien, sondern seine regelmäßigen Tagesgebete [17]), und daß er „aufschrie" zu Gott beim Lesen der Psalmen, daß er „brannte, sie dem ganzen Erdkreise vorzusingen" [18]).

Gegenüber dieser anscheinend etwas tendenziösen Neigung mancher Forscher, die Bekehrungsszene als ziemlich bedeutungslos und nur als Produkt der angeblich falsch orientierenden Konfessionen hinzustellen, sowie darin nur mehr eine — doch reichlich umständlich und unnötig aufgebauschte — Berufsaufgabe [19]) zu sehen, hat die Stellungnahme Mausbachs wesentlich größere Berechtigung. Er sieht in der Bekehrung „die volle Hingabe an

[14]) Scheel, S. 8 u. 9.
[15]) ibid.
[16]) Soliloqu. 1, 1, 3 u. 5 (I, 871 f.).
[17]) De ordin. 1, 1, 4 u. 5 (I, 921); ep. 3, 4 (II, 65).
[18]) Conf. 9, 4.
[19]) Thimme, S. 24.

die Lehre und Heilsanstalt Christi, mit andern Worten, die rückhaltlose Unterwerfung unter den Glauben und die Heilsgebote der Kirche." Und das ist doch wahrlich ein Abschnitt von Bedeutung im Leben des Heiligen! Man muß allerdings Mausbach widersprechen, wenn er fortfährt, daß „diese Unterwerfung nicht früher und nicht später als bei jenem Ereignis im Garten zu Mailand stattfand" [20]). Dies „nicht früher und nicht später" soll ja dem ganzen Sinn und der Einstellung des Autors entsprechend, nichts anderes als eine schöne Umschreibung für „nicht später" heißen, und somit kann man ihm sachlich beistimmen. Formell heißt es nun einmal anders, und deshalb mag noch einmal festgestellt sein, daß die dogmatische Bekehrung von der moralischen Wandlung getrennt werden muß, indem jene dieser voranging. Jedenfalls steht aber das eine fest, daß unmittelbar nach der Gartenszene Augustin ein neuer Mensch war.

Wir sind in der glücklichen Lage, aus dieser Zeit, wie schon mehrmals hervorgehoben, eine Reihe von Schriften zu besitzen, die uns hier Klarheit bringen und da weiter helfen können, wo die allzu starke Gefühlsbetonung der Konfessionen uns daran hindern kann. Die Retraktationen aber, die noch etwa 26 Jahre später als die Konfessionen und unter ganz anderm Gesichtspunkte geschrieben wurden, können im Gegensatz zu der Annahme Mausbachs [21]) natürlich nicht mit besonderer Beweiskraft verwertet werden.

Gegenüber der vorerwähnten Einwendung, daß den Konfessionen in dieser Frage keine besondere Beweiskraft zugesprochen werden kann, sei nun zunächst festgestellt, daß Augustin uns auch in den Schriften, die er im Anschluß an die Mailänder Szene schrieb, wenn auch nur gelegentlich, so doch unzweifelhaft von dem seltsamen Erlebnis berichtete [22]), wie er das auch in leidenschaftsloser Erzählung an späterer Stelle tut [23]). Es wäre bei der Art der sachlichen Berichterstattung Augustins auch ganz unmöglich, daß er sich in wesentlichen Punkten ge-

[20]) Mausbach, 1909, S. 9.

[21]) Mausbach, Theol. Rev. 1909, 571.

[22]) Contra acad. 2, 2, 5 (I, 921); de beat. vit. 1, 4 (I, 961); c. acad. 2, 1, 2 (I, 920) u. Soliloqu. 1, 14, 25 (I, 882 f.).

[23]) De util. credend. 8, 20 (VIII, 78 f.).

täuscht hätte — von der affektvollen Wertung sehen wir ja nach Übereinkunft ab. Wir wissen, daß Augustin uns damals schon ebenso unzweifelhaft von der Besiegung seiner Leidenschaften mit jenem denkwürdigen Tage und von dem so erst ermöglichten ergebnisreichen Weisheitsstudium berichtet. Ja, er war schon nach kurzer Zeit von sich der Ansicht, daß er die Leidenschaften völlig in sich abgetötet hätte, und er wurde deshalb durch eine nächtliche Pollution beunruhigt und erschreckt, ja bis zu Tränen traurig, obwohl er selbst versichert, daß seine sinnliche Erregung dabei bei weitem nicht mehr die frühere Stärke und Heftigkeit erreicht hätte. Gerade dieser Bericht zeigt uns, wie weit es der leidenschaftliche Augustin in jener Zeit schon gebracht hatte, und daß er hoffte, auch noch gänzlich, d. h. im Schlaf und Traum zur Ruhe zu kommen, da er sich „ganz der Barmherzigkeit und Sorge Gottes überließ“ [24]). Wir wissen endlich, daß Augustin sich damals schon der Autorität der Kirche und der Schrift unterworfen hatte [25]), auch in einzelne katholische Lehren tief eingedrungen war und zu einem immer besseren Verständnis der katholischen Wahrheiten vorzudringen sich bemühte. Unerschütterlich war sein Glaube an den Gott der katholischen Kirche geworden, „dem ich mich ganz hingegeben, den ich bereits seit einiger Zeit anfing wiederzuerkennen“ [26]). Gegen die Akademiker richtet sich der erste Zug seiner Feder. Dazu hätte er aber schließlich keinen Grund gehabt, wenn er nicht von festem Boden aus gegen diese traditionelle Philosophenansicht ankämpfen konnte. Ja wir wissen auch, daß Augustin zu etwas ganz Neuem gelangt war, nämlich zur Befriedigung seines tiefen religiösen Bedürfnisses, das ihm Herzensangelegenheit war. Wer daran zweifelt, lasse doch nur einmal die ergreifenden Worte des herrlichen Gebetes im Eingang der Soliloquien über sich ergehen. Sie sind das Unvergänglichste mit, was Augustin überhaupt geschrieben hat, ermahnen in ihrer Erhabenheit und wuchtigen Größe an den viel späteren, nachher nicht mehr erreichten persönlichen Stil der Konfessionen und gehen, weil nur ein reines Gebet und Lob-

[24]) Solil. 1, 14, 25 u. 26 (I, 883).
[25]) C. acad. 3, 20, 43 (I, 957).
[26]) C. acad. 2, 1, 2 (I, 920).

lied zu Gott, vielleicht noch über diese in ihrer inbrünstigen Kraft hinaus. Gott und die Seele sind die beiden Pole, um die sich sein Inhalt dreht. Sein Gott, sein persönlicher Gott und seine Seele. Eine große und schöne Pforte sieht er vor sich geöffnet, die seinen Spannungen Entlastung und seinem Menschtum Verankerung verheißt.

Gewiß, wenn man mit dem frischen Eindruck der Schilderung der Konfessionen etwa 14 Jahre zurückeilt und die Schriften der Bekehrungszeit durchliest, dann kann man zu einer schiefen Auffassung gelangen. Diesen fehlt noch jede persönliche und erst recht finstere Färbung und, was das Seltsamste ist, sie heben die Bekehrungsszene gar nicht besonders heraus, wie man das eigentlich erwarten sollte, wenn man von den Konfessionen kommt, sondern erwähnen sie zwar eindeutig, aber doch nur nebenbei im Verlauf der Abhandlungen. Der Schlüssel für das Verständnis dieser Tatsache aber liegt in den Konfessionen, und es ist eben falsch, sich das — ich möchte sagen affektdurchwärmte — Bild jener Zeit auf Grund der Konfessionen aufzubauen und dann an den cassiciacischen Werken zu ergänzen oder zu vervollständigen. Richtig ist nur der umgekehrte Weg, und wir werden dann sehen, daß auch die Schriften der Vorbereitungszeit Wärme ausstrahlen und die tatsächliche Darstellung der Konfessionen wohl zu beglaubigen vermögen. Sie haben als die ursprünglicheren, lebensnäheren und damit auch ohne weiteres gefühlswahreren den Vorzug, und wir befinden uns auf dem rechten Wege, wenn wir gelegentlich der Ausführungen über die Konfessionen uns dann fragen, wie die eigenartige Färbung derselben zustande kommt und weshalb Augustin früher gleichsam nur andeutungsweise und schüchtern von den Dingen redet, die nach den Konfessionen das Wesentlichste und Wichtigste von allem darstellen: von seiner Bekehrung und seinem sittlichen Wandel. Und dann wird es uns verständlich, daß es nur die Kraft dieser Darstellung in den Konfessionen sein konnte, die nachfolgende christliche Jahrhunderte veranlaßte, nach ihnen allein das Wesen der Augustinischen Persönlichkeit zu erfassen und zu beurteilen.

Die Werke an sich zeigen uns auch noch etwas Neues bei Augustin, nämlich den Beginn werteschaffender Arbeit. Die Bedingung war geschaffen, der Boden in der günstigsten Weise vorbereitet, auf dem jetzt die schönsten literarischen Pflanzen und Blüten in reicher Mannigfaltigkeit zu vollendeter Reife und Schönheit gedeihen und auswachsen sollten.

Eine vita pacata [27]) war ihm zuteil geworden, hatte er sich durch seine Willenstat verdient, und zwar in so vollendeter Weise, daß wir uns darüber bei dem unruhigen Augustin billig wundern und einen Hinweis auf einen einzigen Willensakt bzw. eine einschneidende Wandlung in seinem Leben als Ursache vermuten dürfen, ja wohl müssen, indem eine allmähliche Änderung seiner Lebensführung wohl kaum ein solches Ergebnis gezeitigt haben würde. Die endgültige Befreiung von der ewigen Unruhe, die ihm eine lodernde Sinnlichkeit brachte und die ihn von einem geordneten Geistesleben, so wie er es sich dachte und wünschte, abhielt, war die nächste Grundbedingung zu einem ergiebigen Forschen, wie er ja auch selbst nicht müde wird, zu versichern, daß die Zügelung des Triebes im Menschen erstes Gebot sei [28]). Und dazu kam noch ein entscheidendes Moment. Mit der Anerkennung der katholischen Kirche, ihrer Lehre und ihrer Heilsquellen als Richtschnur für seinen Glauben und sein Handeln hatte er auch Wandel in seinem bisherigen Umherirren auf den finsteren Gefilden des Zweifels und der Ungewißheit geschaffen. Was konnte ihn jetzt noch anfechten, da jemand an seiner Seite und über ihm stand, der ihm letztes Maß war, der ihm, dem Verzagenden, über alle, besonders aber die letzten Fragen eine endgültige Entscheidung gab, die er freiwillig von vornherein als letzte und höchste für sich anerkannt hatte! Weshalb er das tat, darauf komme ich später zurück. Hier genügt festzustellen, daß er es tat. Mit Recht sagt daher auch v. Harnack: Es ist keine falsche religiöse Beobachtung, daß das unruhige Suchen

[27]) Solil. 2, 8, 25 (I, 1007) u. a. O.

[28]) Vorzüglich schildert Aug. uns seine Stellung in dieser Frage, die philosophisch und noch nicht religiös motiviert erscheint, in den Selbstgesprächen, wo er im Zwiegespräch mit seiner Vernunft auf deren Vorspiegelung von den Vorzügen der Ehe antwortet: Quantumlibet velis eam (uxorem) pingere atque cumulare bonis omnibus, nihil mihi tam fugiendum quam concubitum esse decrevi: nihil esse sentio quod magis ex arce dejiciat animum virilem quam blandimenta feminea, corporumque ille contactus, sine quo uxor haberi non potest. (Soliloqu. 1, 10, 17 [I, 878]).

der Seele erst aufhört, wenn ihr eine Autorität aufgegangen ist, deren Geltung für sie unabhängig ist von dem Grad der Stärke, mit welcher sie die innere Berechtigung dieser Autorität empfindet [29]).

Sicher hat Augustin damit manches aufgegeben, er hat auf Freiheiten verzichtet, die ihm lieb waren, er hat sich so entschieden, wie er es wohl selbst vor längerer Zeit noch nicht für möglich gehalten hätte. Auch sein Stolz wird sich aufgebäumt haben gegen den Verzicht auf eigene Vollendung durch eigene Kraft. Aber Augustinus hatte trotzdem kapituliert, hatte einen Strich gemacht unter sein bisheriges philosophisches Leben und Bankrott angemeldet. Aber er tauschte dagegen das ein, was er brauchte: Seelenfrieden, und bekam gleichsam als Geschenk die Möglichkeit einer reichen Entfaltung der schöpferischen Kräfte, die bisher in ihm schlummerten, schlummern mußten, da ihm bislang die Ruhe und das breite Fundament, von dem er ausgehen konnte, fehlten.

So müssen es herrliche Tage der Entspannung und Beseligung gewesen sein, die er, „erfüllt mit wunderbarem Vorgenuß der ewigen Dinge" [30]), zur Vorbereitung auf die Taufe auf dem Landgut seines Freundes Verecundus vom Spätsommer 386 bis Ostern 387 in Cassiciacum verbrachte; Tage des Friedens und des Glücks, gestört nur durch die Rücksichten, die er auf sein Brustleiden nehmen mußte.

Unter dem Schutze der Autorität der Lehre Christi und auf dem Boden eines von allen Leidenschaften gereinigten Lebens konnte Augustinus die Durchforschung der intelligiblen Welt mit seiner Vernunft erfolgreich fortsetzen. Denn bei einer durch Enthaltsamkeit beruhigten Lebensführung führt unter Vorantritt und Leitung der auctoritas divina als unerläßlicher Bedingung zur Wahrheit die ratio [31]). Ihm, der ganz von neuplatonischem Denken und Fühlen erfüllt war, mußte das auch als seine nächste Aufgabe erscheinen. Die Glaubenssätze hatte er als wahr hingenommen. Er glaubte jetzt noch, diesen Wahrheiten durch spekulative Betrachtungen auf den Grund gehen zu können und wohl auch nach dem Bibelwort „Quaerite et invenietis" [32]) (Matth. 7, 7) handeln zu

[29]) v. Harnack, 1910, 3, S. 81.

[30]) Ep. 4, 2 (II, 66).

[31]) De ordin. 2, 9, 26 u. 27 (I, 1007 f.).

[32]) C. acad. 2, 3, 9 (I, 923) u. de lib. arbitr. 2, 2, 6 (I, 1243).

müssen. Er war noch der Überzeugung, daß der reine Mensch in edlem Streben zur Erfassung der vollkommenen Wahrheit fähig sei. Aber es ist zu bedenken, daß er es in bewußtem Hinblick auf die christliche Lehre und mit der Gewißheit tat, bei tatsächlich einwandfreiem Forschen auch nur zur Erkennung und Erfassung gerade dieser Lehren kommen zu können, da ihm von vornherein deren Richtigkeit feststand. Die Priorität der auctoritas vor der ratio war ihm sicher, wie ebenso, daß nur die wenigsten Menschen zu der so ersehnten Schau auf rationellem (und mystischem) Wege gelangen könnten [33]). Es sind diese seine damaligen philosophischen Betrachtungen auch nicht auf irgendeinen, beliebigen Gegenstand gerichtet, sondern sie gehen alle in allen ihren Teilen immer auf eine Klärung der letzten christlichen Wahrheiten hinaus. So sah Augustin die Bedingung für weiteres Forschen erfüllt nach dem Worte des Propheten, das er auch für sich als verpflichtend anerkannt hatte: Nisi credideritis, non intelligitis (Isai. 79) [34]).

Wir sind erstaunt, wie schnell sich Augustin in den neuen Lehren auch im einzelnen zurecht fand, wo wir wissen, wie mühsam er sich Schritt für Schritt von einer materialistischen Denkweise losreißen und zu dieser rein idealistischen aufschwingen mußte. Wie schwer dieser Vorgang für einen solchen Menschen ist, kann man ahnen, wenn man die Schwierigkeiten des gegenseitigen Verständnisses allein zwischen zwei modernen Forschern mit ähnlich gegensätzlichen Anschauungen kennt. Neuplatonische Forschungen hatten dem Heiligen hier den Boden geebnet. Und nur auf diesem Wege konnte Augustin vorwärts und zur Klarheit durchdringen. Wir können das daraus ersehen, daß er den Isaias wieder aus der Hand legte, den ihm Ambrosius zur Vorbereitung auf die Taufe empfohlen hatte, weil er sich nicht in der Lage fühlte, auf diesem Wege zur Wahrheit zu gelangen [35]). Wie ja überhaupt die Schrift, so oft er sie auch zitiert und so viel er sich mit ihr beschäftigt, so oft er sie später zur eigenen und anderer Fortbildung benutzt, für Augustin immer ein etwas schwer verständliches Buch blieb. Be-

33) C. acad. 3, 19, 42 (I, 956).
34) De lib. arbitr. 1, 2, 4 (I, 1224).
35) Conf. 9, 5.

kannt ist sein Ausspruch: Ego vero evangelio non crederem, nisi me catholicae ecclesiae commoveret auctoritas [36]). Eine Ausnahme machen die Briefe Pauli, die ihm ja neben neuplatonischen Schriften Führer zum Heil wurden.

Im einzelnen auf die cassiciacischen Werke und Augustins Auseinandersetzungen in ihnen einzugehen, ist natürlich nicht meine Sache; zusammenfassend haben wir das für unsere Aufgabe Wichtigste darin zu sehen, daß Augustins Haltung und Einstellung in der Vorbereitungszeit zur Taufe die eines katholisch empfindenden und lebenden Christen ist, der versucht, auf rationalem Wege seinem Glauben und dessen Geheimnissen näher zu kommen, der über manche Lehren, wie die Unsterblichkeit und Trinität teilweise noch falsche Gedanken im Sinne der katholischen Lehre hatte und der auch das eine oder andere Problem noch nicht in seiner charakteristischen Bedeutung erfaßt hatte [37]).

Ostern 387 empfing Augustin das sichtbare Zeichen seiner Aufnahme als Glied in den „mystischen Leib Christi", und die katholische Kirche einen ihrer reinsten, befähigtsten und wirkungsvollsten Heroen. Es wird auch den hl. Ambrosius wohl ein gelinder Schauer überkommen sein, als er den gewaltigen Genius demütigen Hauptes durch die Pforte der Kirche in das Reich seines Herrn einziehen sah [38]). Hatte man Erwartungen in ihn gesetzt, so hat er sie nicht enttäuscht. Mit dem kurz darauf erfolgten Tode seiner Mutter hatte Augustin alle Fesseln, die ihn an diese Erde banden, von sich gestreift. Geblieben war von irdischen Freuden nur die Anhänglichkeit an seine meist mit ihm bekehrten Freunde, mit denen er sich zur Pflege der Lehre und Frömmigkeit zu einer Art klösterlichen Lebens nach monastischer Strenge zusammenschloß. Sein äußerer Lebensgang war ohne Schwierigkeiten, der Bedeutung seiner Persönlichkeit entsprechend.

---

[36]) Ep. c. Manich. (qu. v. fundam.) 5, 6 (VIII, 176).

[37]) Vgl. besonders die Lehre über Christus, die er damals viel mehr durch eine neuplatonische Brille als philosophische, denn gemäß der katholischen Auffassung als dogmatisch-soteriologische Frage sah (s. Scheel u. a. O.).

[38]) Es ist zum mindesten eine sinnvolle und ergreifende Überlieferung, die Ambrosius nach dem Taufakt das „Te Deum laudamus" in Herz und Mund gab, worauf Augustin mit dem für ihn so bezeichnenden „Te Dominum confitemur" geantwortet haben soll (Act. St. Boll. VI, 234).

388 nach Afrika zurückgekehrt, wurde er 391 zum Priester geweiht und 395 zum Bischof gewählt. Von einer kleinen Stadt Nordafrikas herrschte der Gewaltige mit weit vernehmbarer Stimme im ganzen Abendlande, und auch im Morgenland hörte man auf ihn. Wenn auch nicht Metropole von Afrika, so war Hippo doch der Ort, wo der geistige Führer saß, und die auch von Augustin anerkannte Suprematie Roms hinderte nicht, daß er für den größten Teil der katholischen Kirche auf lange der Gipfel der Autorität der nachapostolischen Zeit war.

Als Philosoph hatte Augustin, einem Herzensbedürfnis folgend, zunächst gegen die Akademiker Stellung genommen, als katholischer Christ wandte er sich alsbald in mehreren Schriften gegen seine alten Freunde, die Manichäer. Es war nicht nur die Absicht, aufklärend zu wirken und Zweifelnde zur katholischen Kirche zu führen, die ihn hierzu bewegte. Es war auch nicht nur eine Rechtfertigung seiner eigenen Handlungsweise gegenüber den Manichäern. Es ist in allen Schriften der Drang nach völliger innerer Befreiung von Lehren zu spüren, denen Augustin neun Jahre hindurch nachgegangen war und angehangen hatte. Mühsam hatte er das alte Gebäude abbauen, das neue aufbauen müssen. Die denkbar schwersten Amputationen und Transplantationen hatte er seinem gewohnten Denken zumuten müssen. Jetzt endlich war er frei und klar, und jetzt mußte es gesagt werden, was er so lange in seiner Brust mit sich getragen. Und soweit Augustin nicht selbst schon zur Klarheit gekommen war, erfuhr er hierdurch wiederum Anregung und Fortbildung. Die Themen ergaben sich natürlich aus der Sache selbst. Die hauptsächlichsten häretischen Ansichten über die Natur Gottes und des Bösen und die Schriften des Alten und Neuen Testaments forderten eine sachgemäße Darlegung der katholischen Auffassung, die darüber hinaus als gänzliches Neuland den Manichäern die Bedeutung des freien Willens zeigte.

Für Augustins eigene Einstellung und Weiterentwicklung ist aber eine Verschiebung von besonderer Bedeutung, die in einer allmählichen Zurückdrängung des bisher dominierenden Einflusses neuplatonischer Ideengänge zugunsten spezifisch christlicher Denk- und Fühlweise besteht. Besonders ist der zunehmende Verzicht auf eigenes

Können gegenüber einer stärkeren Betonung autoritativer Führung durch die Schrift unverkennbar [39]). Im einzelnen macht sich dieser Vorgang besonders an christologischen und eschatologischen Fragen bemerkbar und wird jedem klar, der die Schriften der Zeit von 386 bis etwa 400 durchgeht. Weiter brauche ich das nicht auszuführen. Zudem kann auch nur der Gesamteindruck zur Anerkennung dieser Tatsache von Bedeutung sein, da sich mit Einzelheiten hier nicht viel beweisen läßt. Äußerlich macht sich diese Änderung besonders dadurch bemerkbar, daß Augustin es immer mehr vorzieht, seine Abhandlungen an Hand von Bibelzitaten auszuführen und exegetische Studien für sich und seine Gemeinde zu treiben.

Wann Augustin selbst seine eigene christliche Ausbildung für abgeschlossen hielt, wissen wir nicht und wird wohl auch nicht durch eine feste Grenze zu bezeichnen sein. Im Jahre 391 fühlte er sich, nachdem ihn die Gemeinde zu ihrem Priester erbeten hatte, wegen Unvollkommenheit in seiner christlichen Ausbildung noch zu schwach und hatte selbst noch mit manchem Glaubenszweifel zu kämpfen [40]). Sechs Jahre später hat er dann, wie wir bald sehen werden, in bezug auf die Gnadenlehre einen für ihn grundlegenden, neuen Gedanken erfaßt, der auch weiterhin für ihn von der allergrößten Tragweite war. Im allgemeinen aber kann man sagen, daß Augustin bis zur Herausgabe der Konfessionen nicht nur ein abgerundetes Bild der christlichen Lehre hatte, wie man es von ihm als oberstem Priester der Gemeinde erwarten mußte und wie es seiner Genialität entsprach, sondern in solchem Maße in die Tiefe der christlichen Mysterien eingedrungen war, wie nur wenige es vor ihm vermocht hatten und nur ganz vereinzelte es darzustellen in der Lage waren.

4. Augustin als Kirchenlehrer.

Es läßt sich, wie eingangs hervorgehoben, das seelische Leben überhaupt nicht oder nur sehr schwer und sehr selten in bestimmt gegeneinander abgesetzte Perioden aufteilen, da das gesunde Leben keine Stillstände und

39) Vgl. ep. 21, 3 (II, 88 f.).

40) ib. Nr. 3 u. 4.

Sprünge, sondern nur fließende Übergänge kennt. Bei Augustinus jedoch fanden wir in der bisherigen psychographischen Darstellung zwei Gipfel im Hortensius- und Bekehrungserlebnis, die es uns erlaubten, die Abgrenzung des zweiten vom ersten und des dritten vom zweiten Kapitel nicht nur aus äußerlichen Gesichtspunkten vorzunehmen. Die Konfessionen stellen die letzte uns bekannte große Krise im seelischen Leben Augustins dar und geben so für unsere Kenntnisse wenigstens ungezwungen einen Abschluß in der Vollendung seines persönlichen Christentums, seiner Frömmigkeit, indem sie uns den Heiligen von einer hohen Warte tiefster Religiosität und einer reichen Entwicklung seines asketischen Wollens und Könnens zeigen. Sein theologisches Studium ist im wesentlichen abgeschlossen. Der späteste und schwerwiegendste Erwerb seines dogmatischen Wissens, die Gnadenlehre, ist ihm in ihren Grundzügen schon persönliches Eigentum und Erlebnis geworden.

Wir können hier aber nicht nachdrücklichst genug hervorheben, daß Augustin die Konfessionen niemals hätte schreiben können, wenn er nicht kurz zuvor selbst einen grundlegend neuen Gedanken erfaßt hätte. Die Konfessionen und die spätere Behandlung der Gnadenfrage stehen und fallen mit diesem Neuerwerb Augustins. Im Jahre 397 hatte er nämlich gelegentlich der Beantwortung einiger Fragen des Mailänder Bischofs Simplicianus, des Nachfolgers des Ambrosius, die Paulusstelle interpretiert: Quid habes quod non accepisti, si autem et accepisti, quid gloriaris quasi non acceperis (1. Kor. 4, 7) [1]), was hast du, das du nicht empfangen hast, wenn du es aber gar empfangen hast, was brüstest du dich dann, gleich als hättest du es nicht empfangen.

Dabei kam ihm zum Bewußtsein, daß auch der erste Beginn des Glaubens, das initium fidei, und der Enthaltsamkeit von Sinnenlust [2]) dem freien Willen des Menschen allein nicht möglich sei, sondern daß er auch hierzu notwendig der Gnade Gottes bedürfe [3]). Im einzelnen werden wir später noch sehen, weshalb diese Stelle und diese neue Erkenntnis so umwälzend für Augustins Gedanken-

[1]) De div. quaestion. ad Simplic. 1, 2, 9 f. (VI, 116 f.).
[2]) Conf. 6, 11.
[3]) De don. persev. 20, 52 (X, 1026); de praedest. ss. (X, 964).

richtung wurde, weshalb er ihr seine Bedeutung als Gnadenlehrer verdankt. Das Jahr 397 mit den alsbald darauf folgenden Konfessionen bilden daher mit Recht einen neuen, hochbedeutsamen Abschnitt im Leben unseres Heiligen.

In der folgenden Zeit dient Augustin mit Eifer und Gründlichkeit seinem Lehramte. Nicht als ob er nicht auch früher schon in diesem Sinne tätig gewesen wäre, wie ein großer Teil seiner Schriften gegen die Manichäer zeigt, die reine Lehrabhandlungen sind und schon in seine Priesterjahre zurückreichen. Jetzt aber widmet er sich ausschließlich den Pflichten seiner Bischofswürde, die neben Pflege des katholischen Gedankens und Lebens in seiner Gemeinde Stütze und Förderung der Lehre im allgemeinen verlangt, und die ihn zu einem lebendigen Gefäße zur Bewahrung der katholischen Tradition als Nachfolger der Apostel Christi berufen machte. Und in der Erfüllung dieser Aufgabe liegt ja auch die unbestrittene Bedeutung des größten Kirchenlehrers des lateinischen Abendlandes.

Der theologische Kampf gegen die Manichäer ging seinem Ende entgegen. 404 wurden sie, vertreten durch ihr Oberhaupt Felix, zum zweitenmal zu einem Religionsgespräch herausgefordert, unterlagen der Redegewalt Augustins und hatten in Afrika keine Stoßkraft mehr [4]).

Ein anderer Streit war inzwischen mehr in den Brennpunkt der literarischen Tätigkeit Augustins gerückt. Das auf Afrika beschränkte, hier aber sehr mächtige und schon lange währende Schisma der Donatisten hatte besonders in Hippo eine große Anhängerschaft, und Augustinus war, ob er wollte oder nicht, gezwungen, gegen sie Stellung zu nehmen. Wir können uns hier mit dieser Feststellung begnügen, da dieser Streit für unsere Betrachtung nicht von besonderer Bedeutung ist. Der Ausgang war ein weiteres Ruhmesblatt in dem Siegeskranze Augustins. Trotz zahlenmäßiger Unterlegenheit der Katholiken in Hippo, maßloser Aufgeblasenheit und gewalttätigen Verhaltens der Donatisten hatte Augustin seiner Gemeinde durch kraftvolles, mutiges und kluges Auftreten den Rücken gestärkt [5]). Mit dem Religions-

[4]) v. Hertling, S. 69f.
[5]) ib. 75.

gespräch in Karthago i. J. 411 fand dieser Streit im wesentlichen sein Ende. Eine besondere Wirkung hatte dieser Kampf, der von seiten der Donatisten mit allen Mitteln — Augustinus selbst rettete sich nur durch Zufall vor ihren Häschern [6]) — geführt wurde. Augustinus hatte sich verhärtet. Anfangs pflegte er nur durch Güte und Lehre zum Eintritt in die katholische Kirche aufzufordern. Er lehnte die Gewalt ab. Das ist ein besonders hervorstechender und in Erinnerung an seine nahe Vergangenheit verständlicher Zug aller seiner Schriften gegen die Manichäer. Hier aber gegen das schändliche Treiben der Donatisten brauchte er natürlich Schutz. Darüber hinaus ließ er sich aber auch dazu bringen, grundsätzlich das Eingreifen weltlicher Gewalt zum Zwecke der Christianisierung zu billigen. Denn zwinget alle einzutreten, die euch begegnen, sagte der Hausherr zu seinen Knechten (Luk. 14, 23) [7]). Dieser Wesenszug ist für die Beurteilung Augustins und seiner Veranlagung wichtig.

Um das Jahr 412 beginnt Augustinus eine neue literarische Fehde für seine Kirche. Hier steht er von allem Anfang an im Mittelpunkt des Streites, und hier liegt auch der Schwerpunkt seines Einflusses auf die Kirche und seiner Bedeutung für das Dogma. Die Gnadenlehre war nicht nur eine Frage, die dem Menschen Augustinus von höchster Bedeutung war, die ihn geradezu persönlich berührte, sondern sie ist das Gebiet, auf dem Augustin ein eigenes Lehrsystem schuf, das mit einigen — allerdings wesentlichen — Abänderungen von der römischen Kirche anerkannt wurde, und dessen Gehalt als „gemilderter Augustinismus" auf die Nachwelt überging.

Wenn auch schon 12 Jahre seit der Niederschrift der Konfessionen verflossen waren, ohne daß Augustinus dieses Thema eingehender wieder berührt hätte, so hat dieses Buch doch eine hervorragende Bedeutung für die Entwicklung dieser Lehre. Wie wir bei unserer Betrachtung der Konfessionen sehen werden, stellen sie ein gewaltiges Gnadenverlangen Augustins in persönlichster Form dar und beruhen, wie vorhin ausgeführt, auf der Erkenntnis, daß der Mensch zu allem Tun und auch zum

[6]) Possidius, Vita 12 (I, 43) u. Enchir. 17 (VI, 239).

[7]) Ep. 93, 5 f. u. 100, 1 f. (II, 323 f. bzw. 366 f.); Retr. 2, 5 (I, 632); vgl. auch O. Rottmanner, Theol. Rev. 1902, 13 ff.

ersten Anfang im Glauben und Guten der Gnade Gottes bedürfe. So war denn alles Gnadentat Gottes, was den Menschen zu Gott führte, und Gnade das erste, was der Mensch von Gott zu erflehen hatte. So kam aus tiefstem Herzensgrund und persönlichstem Bedürfnis als Quintessenz seines ganzen Denkens und Fühlens der die gequälte Seele verratende Hilferuf: Da quod jubes et jube quod vis, gib, was du befiehlst, und befiehl, was du willst. Hierin sind, wie in den Konfessionen überhaupt, bei konsequentem Verfolg Augustins gesamte späteren Lehren über die Gnade im Keime schon enthalten [8]). Gleichzeitig ist aber dieser Ausspruch der Konfessionen deshalb von solcher Bedeutung, weil an ihm Pelagius heftigen Anstoß genommen hatte. Er sah darin das Flehen eines schwachen Menschen, der es Gott überließ zu helfen, während er den Menschen aufrütteln wollte zur gottgefälligen Tat. Er war unwillig, heißt es, als er diese Darstellung Augustins in Rom hörte, und drückte dem Bischof, der ihm hiervon berichtet hatte, sein Mißfallen hierüber auch in deutlichen Worten aus [9]). Doch noch eine Reihe von Jahren sollte vergehen, ehe es zum offenen Kampfe kam. Ein Schüler des Pelagius, Caelestius, war etwa 412 an die Öffentlichkeit getreten, und Augustin wurde aufgefordert zu den neuen Anschauungen Stellung zu nehmen, während Pelagius sich immer noch zurückhielt; er war anscheinend, im Anfang wenigstens, öffentlichen Auseinandersetzungen abhold.

Der Streit, der nun anhob, war gewaltig und von bedrohlichem Ausmaß für den Bestand der christlichen Kirche. Beide Hauptgegner waren untadeligen Charakters; Pelagius bekannt als frommer und sittenstrenger britischer Laienmönch, der auch an sich große Anforderungen stellte. Das Problem selbst bot nach beiden Richtungen hin große Schwierigkeiten, da eine traditionelle Lehrmeinung hierüber in der Kirche noch nicht bestand. Das Wichtigste aber war der Umstand, daß beide Parteien um eine Sache kämpften, die ihnen heilig war. Jeder stritt zuletzt für sein Ideal, beide zur Ehre ihres Gottes, des Gottes der katholischen Kirche. Diese persönliche Bindung beider Richtungen an ihre Idee gab dem Kampfe

[8]) De don. persev. 20, 53 (X, 1026).
[9]) ib.

von jeder Seite die große Schwungkraft und Breite. Pelagius sah auf sein asketisches Können und die Forderung, die er daraus für die guten Werke der Mitmenschen ziehen zu können und zu müssen glaubte; Augustinus hatte zur Genüge den ohnmächtigen Menschen und seine Unterstützungsbedürftigkeit durch göttliche Hilfe kennengelernt. So legte denn naturgemäß dieser auf die durch den Erlösungstod Christi erworbene Gnade, jener auf die durch den freien menschlichen Willen allein geschaffenen guten Werke das entscheidende Gewicht.

Augustinus siegte, und sein Sieg über den Pelagianismus, den er mit einer großen Zahl umfangreicher Schriften erkämpft hatte, war vollkommen. Es war damit eine Lehre der katholischen Kirche von grundlegender Bedeutung geklärt, die hier erwähnt werden muß, weil sie mit dem Wesen Augustins eng verbunden ist: Die durch den Fall des ersten Menschen verderbte Natur der Menschen ist von sich aus nicht in der Lage, irgend etwas Ersprießliches zu ihrem Heile, soweit es über das Natürliche hinausgeht, zu leisten. Sie bedarf dazu des freien Geschenkes der göttlichen Gnade, auf das durch kein Verdienst des Menschen ein Anspruch erworben werden kann und ohne die Beginn, Fortsetzung und Beendigung eines verdienstlichen Werkes unmöglich ist. Erst muß durch Gnadenverleihung Gott sich gnädig gezeigt haben, dann erst hat der Mensch es in der Hand, durch die Betätigung des freien Willens sich zum Guten oder Bösen, damit zu Verdienst oder Strafe, letzthin für Glückseligkeit oder Verdammnis zu entscheiden. Das ist der umfänglichere Teil seiner anfangs wenigstens immer wiederholten und aus der Bibel als höchster autoritativer Quelle geschöpften Gnadenlehre. Das ist auch der wesentliche Inhalt dessen, was man als „gemilderten Augustinismus" zu bezeichnen pflegt.

Augustinus scheute sich aber nicht, auch da konsequent weiterzuschreiten, wo der steinige Weg zarten Füßen Schmerzen bereitet. Durch die Erbsünde ist die ganze Menschheit eine massa damnata [10]) geworden. In seinem Heilsplane hat nun Gott, wie Augustin mit Berufung auf die „sichersten Stellen der Schrift" sagt [11]),

[10]) Enchir. 27 (VI, 245); de civit. Dei 21, 12 (VIII, 727).

[11]) De grat. et lib. arbitr. 21, 43 u. de praedest. ss. 8, 16 (X, 909 bzw. 972).

einen Teil, und zwar einen ganz bestimmten Teil [certum numerum [12]); certissimus numerus praedestinatorum [13]); certus numerus electorum neque augendus neque minuendus [14])] zur ewigen Seligkeit berufen, den anderen, größeren [15]) aber nicht [16]). Augustinus hatte damit den Bogen überspannt. Er war in der Verherrlichung der Gnadentat Gottes und der Betrachtung der Bedeutungslosigkeit und Hilflosigkeit des schwachen und armseligen, verderbten Geschöpfes zu einer solchen Differenz gekommen, daß er beide nicht mehr in dem von der katholischen Lehre geforderten Verhältnisse aufeinander bezog. Die überall vorherrschende Suprematie Gottes war durch seine Lehre dem menschlichen Wollen und Handeln geradezu gefährlich geworden, so daß Eibl [17]) nicht so ganz mit Unrecht meint, daß Gott dadurch Züge eines mächtigen von Mitleid unberührten Naturdämons erhielt. Der größte Teil der infolge der Erbsünde Verdammten könnte auch beim besten Willen nicht selig werden, da er nicht zur Zahl der electi gehört, da Gott ihn nicht befreit, nicht befreien will, indem er ihm seine Gnade nicht gibt oder wenigstens nicht in ausreichendem Maße gibt. Quibus non vult subvenire, non subvenit [18]), wem er nicht zu Hilfe kommen will, dem hilft er nicht. Oder im Anschluß an Paulus sagt Augustin: Er begnadigt, wen er will, und wen er will, verhärtet er (Röm. 9, 18); und in einem Briefe aus dem Jahre 426 erklärt er ganz deutlich, daß soviele nicht gerettet werden, nicht weil sie nicht wollen, sondern weil Gott nicht will. Selbst wenn die Menschen wollen, Gott aber nicht, dann werden sie nicht selig. Da gibt es eben nichts anderes [19]). Und mögen sich die Eltern beeilen soviel sie können, und die Priester schon zur Taufe bereit stehen, so wird das kleine Kind doch nicht getauft, wenn Gott es nicht will und es nicht noch einen Augenblick am Leben hält, damit es getauft werden könnte [20]).

[12]) De don. persev. 8, 19 (X, 1003).
[13]) De corrept. et grat. 13, 42 (X, 942).
[14]) ib. 13, 39 (X, 940).
[15]) De civit. Dei 21, 12 (VII, 727); Enchir. 97 (VI, 276).
[16]) Ep. 217, 16 No. 4 (II, 984) u. v. a. Stellen z. B. Enchir. 98 f. (VI, 277 f.).
[17]) Eibl, S. 316.
[18]) De don. persev. 11, 25 (X, 1007).
[19]) Ep. 217, 19 (II, 985 f.).
[20]) De don. persev. 12, 31 (X, 1012).

Schauerlich ist die Tatsache dieser unterschiedlichen Auswahl Gottes, aber für Augustin unabweislich, da sie nach seiner Meinung eindeutig durch die göttliche Autorität vermittelt ist, wenn er sagt, daß Gott deshalb nach Gutdünken, die einen berufe, die anderen nicht, damit offenbar werde, was dem Menschen ob der ersten Schuld von Rechts wegen gebühre (i. e. debitum judicium) [21], und wessen ihn die Gnade Gottes gewürdigt habe [22]). Die Auserwählten des Paradieses sollen sich aber nicht der eigenen Werke freuen, sondern an den Verdammten sehen, was auch ihnen eigentlich, d. i. von Rechts wegen, zukomme und wie sie unverdienterweise erhoben wurden [23]). Für Augustin stand nach dem Worte des Evangeliums fest, daß Christus salvator und judicator (Joh. 3, 17) zugleich sei. Weshalb aber Heilbringer und Heiligmacher, wenn er nicht seine Gnade, und weshalb Richter, wenn er nicht seine Strafe, diese an den zur Verdammnis, jene an den zur ewigen Seligkeit Berufenen dartun würde.

Den nächstliegenden Einwand, der auch später immer wieder gegen ihn erhoben wurde und der mit Recht immer weiter erhoben würde, wenn diese Lehre katholische Lehre wäre, hat Augustin sofort selbst aufgegriffen: Weshalb aber bestimmt Gott diesen zum Verderben, jenen zum Heil, da ihre Werke und ihr Wille nicht maßgeblich sind. Augustin argumentiert einfach und scheinbar sehr bündig: Darüber haben wir uns den Kopf nicht zu zerbrechen. Wenn wir uns bewußt sind, daß wir alle die Verdammnis verdient haben, werden wir diese Frage überhaupt nicht stellen, dann haben wir uns in unser Geschick demütig zu ergeben und dürfen nur Gott preisen und danken für jede Errettung aus diesem ewigen Jammer, wie wir uns auch nicht darüber beklagen könnten, wenn er überhaupt keinen Menschen errettet hätte [24]). Videt enim, si capit, universum genus humanum tam justo judicio divino in apostatica radice damnatum, ut etiam si nullus inde liberaretur, nemo recte posset Dei vituperare justitiam: wer das (Vorhergehende) begreift, sieht nämlich ein, daß das gesamte Menschengeschlecht durch ein solch gerechtes

[21]) Enchir. 99 (VI, 278).

[22]) De civit. Dei 21, 12 (VII, 727).

[23]) Enchir. 99 u. 95 (VI, 278 bzw. 275).

[24]) De corrept. et grat. 10, 28 (X, 933); de praedest. ss. 8, 16 (X, 972).

Gottesgericht in seiner abtrünnigen Wurzel (d. i. Adam) verworfen wurde, daß, wenn auch kein einziger davon befreit würde, doch niemand mit einem Schein von Recht die Gerechtigkeit Gottes tadeln könnte [25]). Als innere Begründung für das auswählende Verhalten Gottes macht er die schauerlich und herzlos klingende, vorhin schon mit ähnlichem Sinne angeführte Bemerkung: „Würden alle Menschen gerettet, so bliebe verborgen, was von Gerechtigkeits wegen der Sünde gebühre; würde niemand gerettet, so würde nicht offenbar, was Gott verleiht [26]). Dieser Gedanke der Prädestination stellt eine ungeheure Anforderung an die sittliche Kraft des Einzelnen, und ich bin überzeugt, daß Augustin, wenn er die Konsequenz voll und ganz auf sich angewendet hätte — was er aber nicht tat —, unbedingt auch die Größe gezeigt hätte, Gott zu preisen und zu danken für jeden durch seine Gnadenwahl erretteten Mitmenschen, auch wenn er selber gewußt hätte, daß er nicht für die Schar der Seligen bestimmt worden sei. Weiterhin hat aber nach Augustins Beweisführung die Menschheit gar kein Recht, mit Gott zu streiten. Was hat das Geschirr mit dem Töpfer zu rechten? (Röm. 9, 21). „O Mensch, wer bist du, daß du Gott zur Rede stellst" (Röm. 9, 20) [27]). Das ist Angelegenheit Gottes, hier hat der Mensch sich zu fügen; denn nach dem Apostel „begnadigt Gott, wen er will, und wen er will, verhärtet er" (Röm. 9, 18) [28]).

Die absolute praedestinatio ad damnationem wie ad vitam aeternam hat aber weiter und deshalb auch im Gegensatz zur Lehre der katholischen Kirche die Folgerung, daß Gott nicht jedem Menschen die Gnade gibt, deren er zum Heile der Seele bedarf und daß der Mensch andererseits der Gnade Gottes als einer höchst wirksamen nicht widerstehen kann [29]). Auch hier kann ein Zweifel über die Ansicht Augustins nicht entstehen, da sie aus seinen Werken eindeutig belegt werden kann. Nicht nur wegen der praedestinatio sanctorum ist die Gnade unwiderstehlich, sondern auch, weil die Unwiderstehlichkeit

---

[25]) Enchir. 99 (VI, 278).
[26]) Ep. 194, 5 (II, 878).
[27]) Ep. 194, 13 (II, 879).
[28]) ib. u. Enchir. 98/99 (VI, 277 f.).
[29]) Enchir. 95 (VI, 276).

nach Augustin zum Wesen der Gnade als einer Tat Gottes gehört, der sich durch den freien Willen des Menschen keineswegs in seinem Tun irgendwie beschränken lassen kann. Und wenn der Mensch auch sein Leben lang sündigt (etiam qui pessimam duxerunt vitam) [30]), gehört er aber zu den Auserwählten, dann wird ihn die Gnade Gottes mit unwiderstehlicher Gewalt erfassen und ihn so zubereiten, daß er infolge seines nachherigen Verhaltens nur an den Ort kommen kann, wo er nach Gottes Ratschluß hinkommen muß [31]), denn „gratia nullo duro corde respuitur" [32]). Der Heilswille Gottes ist eben sicher absolut wirksam, immer unbesiegt [voluntas Dei certa efficacissima [33]) et semper invicta [34])]. Dementsprechend muß natürlich auch seine Gnade wirken, „auf daß Gott die Herzen der Menschen lenkt, wohin er will, und er die Prädestinierten indeclinabiliter et insuperabiliter [35]), invictissime zu ihrem Ziele führt", wie Rottmanner nach Augustinus Ausdruck sagt [36]). Das Gegenstück hierzu ist natürlich, daß Gott mit derselben Notwendigkeit den Menschen, die in der Verdammnis zu bleiben bestimmt sind, seine Gnade nicht gibt oder nicht genügend gibt oder daß er ihnen die Gnade der Beharrlichkeit verweigert. Sie mögen so gut gelebt haben, wie sie wollen, es kommt die Stunde, wo sie fallen müssen [37]). Gewiß ist es ihr freier Wille zur Sünde und damit ihre Sünde, aber Gott gibt ihnen nicht mehr die Gnade, die zu geben in seinem gänzlich freien Ermessen steht, so daß sie noch anders könnten. An den kleinen ungetauften Kindern sieht man das ja nach Augustin ganz deutlich. Hier kann es nur der Umstand sein, daß Gott ihnen die Gnade nicht gibt, wenn eines verworfen bleibt, woran man „nach dem sichersten Ausspruch der hl. Schrift" [38]) nicht zweifeln

---

30) S. Anm. 31).

31) C. Jul. Pelag. 5, 4, 14 (X, 792).

32) De praedest. ss. 8, 13 (X, 971).

33) Enchirid. 95 u. 102 (VI, 276 bzw. 280); de grat. et lib. arbitr. 16, 32 (X, 900 f.).

34) ibid.

35) De corrept. et grat. 12, 38 (X, 940), bezügl. der Mignekorrektur vgl. 36).

36) O. Rottmanner OSB., Augustinismus, S. 25, in der Ausgabe von Jud; besonders auch Anm. 4).

37) De corrept. et grat. 7, 16 (X, 925), vgl. auch de don. persev. 22, 61 (X, 1030).

38) De praedest. ss. 8, 16 (X, 972).

kann. Aber auch von zwei erwachsenen Heiden wird der eine so berufen, daß er dem Rufenden folgt, der andere aber wird nicht berufen oder nicht so berufen. Das sind Geheimnisse. Noch geheimnisvoller aber ist es, daß Gott sogar den Getauften im einen Falle die Gnade der Beharrlichkeit gibt, im anderen nicht: Ex duobus itaque parvulis originali peccato pariter obstrictis, cur iste assumatur, ille relinquatur; et ex duobus aetate jam grandibus impiis, cur iste ita vocetur, ut vocantem sequatur, ille autem aut non vocetur, aut non ita vocetur; inscrutabilia sunt judicia Dei. Ex duobus autem piis, cur huic donetur perseverantia usque in finem, illi non donetur; inscrutabiliora sunt judicia Dei. Illud tamen fidelibus debet esse certissimum, hunc esse ex praedestinatis, illum non esse [39]).

Wenn nun Augustin fernerhin erklärt, daß die Gnade allein die Erlösten von den Verworfenen absondert, so sehen wir, wie für den freien Willen und die guten Werke des Menschen — trotz gelegentlich anderer Versicherungen Augustins in früheren Schriften — letztlich nur noch ein bescheidenes Plätzchen in dieser Lehre übrig bleibt und daß der Kreis ihrer Wirksamkeit dadurch bedrohlich eingeengt erscheint. Die Gnade ist ohne Vorherberücksichtigung der guten Werke, die der Mensch vollbringt, ein freies Geschenk Gottes, auf die er sich durch nichts ein Anrecht verschaffen kann; die Gnade wird nicht nach Verdienst und auch nicht praevisis meritis verliehen, sind die vielleicht am häufigsten wiederholten Äußerungen Augustins, die sich mit deutlicher Spitze gegen die entsprechende anders gerichtete Auffassung des Pelagius wendet. „Denn was wäre das anders als überhaupt Verneinung der Gnade" [40]). Ja, Gott gibt seine Gnade, wie das Beispiel der ungetauften kleinen Kinder zeigt, ohne Rücksicht auf die späteren Verdienste [41]). Aus dem gleichen Grunde gibt es auch kein Gnadenverdienst des guten Willens [42]). Dona sua coronat Deus, non merita tua" [43]).

Wenn ich im Vorhergehenden von einer praedestinatio ad damnationem sprach, so bedarf das noch einer

[39]) De don. persev. 9, 21 (X, 1004), vgl. auch de praedest. ss. 8, 16 (X, 972).
[40]) De don. persev. 20, 53 (X, 1026).
[41]) De don. persev. 11, 25 (X, 1007).
[42]) Ep. 217, 16 No. 4 u. 20 (II, 984 u. 986).
[43]) De grat. et lib. arbitr. 6, 15 (X, 890).

erläuternden Erklärung. Augustinus hat es im allgemeinen vermieden, diesen Ausdruck zu gebrauchen, da er ihm wohl zu hart erschien und auch, weil er vielleicht eine Aktivität Gottes eingeschlossen hätte, die er nicht annahm.

Von den beiden Büchern, die Augustin dem Prosper und Hilarius zudachte, heißt das erste: De praedestinatione sanctorum. Nach dem ganzen Inhalt sollte man nun erwarten, daß das zweite, sagen wir einmal: De praedestinatione improborum heißen müßte. Statt dessen gibt ihm Augustinus den Titel: De dono perseverantiae, indem er wohl einen Hauptteil der Abhandlung, die Gnade der Beharrlichkeit, heraushebt und in Gegensatz bringt zum Hauptthema des ersten Buches, der Gnade vom ersten Glaubensakt [44]), sich aber so ausführlich wie nirgends sonst mit der Frage beschäftigt, daß und warum die einen auserwählt sind, die andern nicht. Mit andern Worten soll das besagen, daß Augustin in jedem der beiden zusammenhängenden Bücher einen andern Inhalt zur Überschrift gewählt hat, indem zur praedestinatio sanctorum nur die praedestinatio improborum und zu der de dono perseverantiae nur de dono initii fidei passen würde. Das geschah aber offenbar deshalb nicht, weil Augustinus es vermied, durch eine praedestinatio improborum die Härte seiner Lehre, die er selbst gefühlt hat, herauszustellen und auch um nicht den irrigen Eindruck zu erwecken, als sei es nun Gottes Schuld, daß die zur Verdammnis Bestimmten verdammt blieben. Daß er aber auch hier sicher von einer praedestinatio reden wollte, kann man aus seinen Worten belegen. Er sagt, „denen unter den Erwachsenen . . ., welchen Gott nicht helfen will, hilft er nicht". Und dann fährt er fort: de quibus in sua praedestinatione occulte quidem, sed juste aliud judicavit, „über diese hat er in seiner Vorausbestimmung zwar geheimnisvoll aber doch gerechterweise anders entschieden" [45]). Dabei will ich ganz davon schweigen, daß Augustin auch gesagt hat: Illi, „quos praedestinavit ad aeternam mortem", da er das schon 419 schrieb [46]). Da-

[44]) De praedest. ss. 2, 3 (X, 961 f.); besonders deutlich ist der Gegensatz de don. persev. 1, 1 (X, 993).

[45]) De don. persev. 11, 25 (X, 1007).

[46]) De anim. et eius orig. 4, 11. 16 (X, 533).

gegen kann ich eine spätere Stelle mit größerem Recht anziehen, wo er sagt, daß Gott den Willen der Menschen dahin bringe, wohin er ihn haben will, sei es zum Guten nach seiner Barmherzigkeit, sei es zum Verderb (ad mala!) für ihre (Miß-) Verdienste [47]).

Zur massa damnata war die Menschheit durch Adams Tat geworden. Während nun ein Teil zur Erlösung prädestiniert wurde durch Gottes Tat, so ließ er die anderen eben dort, wo sie zu sein verdienten, nämlich in der Hölle, obwohl er sie hätte befreien können, wenn er gewollt hätte. So war Gott zwar nicht positiv, aber doch negativ tätig, indem er einer großen Zahl von Verdammten seine Gnade nicht gab, nicht geben wollte. Wenn er aber ihnen seine Gnade nicht geben wollte, so ergibt sich daraus ebenso, daß er von allem Anbeginn an auch wollte, daß diese verdammt blieben. Und insofern kann man auch sachlich bei Augustin zweifellos von einer wenigstens indirekten praedestinatio ad damnationen derjenigen reden, über die Gott beschlossen hatte, daß sie aus der Verdammnis nicht befreit werden sollten.

Versuche, hier etwas zu deuteln oder abzuschwächen, tun dem Gedanken Augustins Gewalt an und verschleiern die Wahrheit. Wenn Augustin in manchen Fragen noch keine klare und eindeutige Ansicht entwickelt hatte, hier brauchen wir in keiner Weise zu zweifeln. Seine Werke der allerletzten Zeit geben uns darüber genügenden Aufschluß, und nur sie sind maßgebend für die Bewertung der letzten Denkweise Augustins, und es geht bei einem Manne, der in so ausgesprochener Weise eine Entwicklung in Persönlichkeit und Lehre aufweist, durchaus nicht an, weit zurückliegende Zitate zur Entkräftigung oder gar zur Verwirrung der Sachlage herbeizuziehen. Hierin müssen wir Odilo Rottmanner OSB, „dem ebenso gelehrten als feinsinnigen Augustinuskenner [48])", dessen Ausführungen durch nüchterne Sachlichkeit einen überaus angenehmen und erfrischenden Eindruck machen, ebenso beipflichten [49]), wie seiner Behauptung, daß bei Augustin

---

[47]) De grat. et lib. arbitr. 21, 43 (X, 909); vgl. de don. persev. 22, 61 (X, 1030): si praedestinati estis rejiciendi.

[48]) v. Hertling, Bekenntnisse, Vorwort, S. V.

[49]) O. Rottmanner, Augustinismus (Ausgabe Jud, S. 13), vgl. auch Jud-Rottmanner, S. 72.

Praxis und Theorie zwei verschiedene Dinge waren [50]). Es ist in der Tat so, daß hier verschiedene Strömungen zusammentreffen, die Augustin bis zu seinem Tode noch verhinderten sich klar und eindeutig zu entscheiden. Doch davon später.

Daß im Vorhergehenden nicht von einer praedestinatio ad peccandum gesprochen ist, sei noch besonders hervorgehoben.

Der Irrtum Augustins als katholischer Lehrer lag also im Grunde darin, daß er einen partikularen Heilswillen Gottes annahm; alles weitere folgte hieraus. So besonders seine Behauptung von der Unwiderstehlichkeit der Gnade wie auch von der Unzulänglichkeit derselben in den entsprechenden Fällen [51]).

Seiner Annahme vom partikularen Heilswillen Gottes stand aber das Wort der Schrift entgegen: „Gott will, daß alle Menschen selig werden“ (1. Tim. 2, 4). Unter Vergewaltigung des klaren Sinnes preßt Augustinus diesen Ausspruch in sein Lehrgebäude — daß er ihn gelegentlich auch anders deutete, ist hier belanglos —, indem er erklärt, daß Gott nicht die Gesamtheit der Menschen, sondern nur die Gesamtheit der Auserwählten damit gemeint habe. Nicht alle Menschen werden selig, sondern Gott will, daß alle Menschen (ergänze: welche selig werden) durch ihn selig werden [52]).

So ist es denn kein Wunder, daß sich gegen diesen Teil der Lehre Augustins ein gewaltiger, fast hundert Jahre dauernder Kampf erhob. Er ging aus von den Mönchen des Klosters Hadrumed in Afrika und wurde besonders betrieben von Marseiller Mönchen, deren geistiger Führer der bedeutende Abt Kassianus war. Wie Pelagius waren sie einen anderen Weg gegangen als Augustinus und kamen deshalb auch mehr zu einer Würdigung der durch den freien Willen des Menschen geschaffenen guten

---

[50]) ib. 32.

[51]) Die Stellungnahme der katholischen Kirche zu Augustin als Gnadenlehrer und zu seiner Lehre im einzelnen s. Denzinger, Enchirid. symbol. No. 1351—1451 (Clemens XI von 8. 9. 1713; errores Paschasii Quesnel damnati); sowie ib. No. 1330 (Alexand. VIII.); und A. Koch, Die Autorität d. hl. Augustinus in der Lehre von der Gnade und der Prädestination. Tüb. Theol. Quartalschr. 1891, S. 95 ff., 287 ff., 455 ff. (Für die Hinweise bin ich Herrn Prof. Dr. E. Krebs besonderen Dank schuldig.)

[52]) Ep. 217, 19 (II, 985 f.); Enchirid. 103 (VI, 280 f.).

Werke. Aber auch sie, die übrigens auch durchaus achtbare und bedeutende Katholiken (ja z. T. von der kath. Kirche auch als Heilige verehrte Geisteslehrer, wie Faustus von Reji) waren, gingen zu weit und mußten mit ihren Lehren, die wiederum die göttliche Gnade zu sehr beengten, zurecht gewiesen werden. Aber es liegt doch eine gewisse Tragik für Augustin darin, daß er durch Überspannung seiner Lehre, er, der für sich nichts, für Gott alles nahm und forderte, eine neue Häresie hervorrief, damit so durch den Ausgleich zweier allzu schroffer Ansichten der Mittelweg gefunden werden konnte. Es ist tragisch, daß auch Augustinus, der eifrigste Bekämpfer der Häresie, selbst häretische Ansichten verfocht. Seine das Ziel überschreitenden Ansichten von dem partikularen Heilswillen Gottes sowie der Irresistibilität der Gnadenwirkung wurden verworfen und demgegenüber der allgemeine Heilswille Gottes, der jedem Menschen die zum Heile notwendigen Gnaden in hinreichendem Maße gibt, denen aber der Mensch widerstehen kann, hervorgehoben (Arausicana II und später). Auf Augustin aber können wir seine eigenen Worte beziehen, die er anderen zudachte: „Glaubt doch nicht, daß Ketzereien durch ein paar hergelaufene kleine Seelen entstehen könnten. Nur große Menschen haben Ketzereien hervorgebracht“ [53]).

Trotzdem gilt nun aber Augustinus verständlicherweise mit Recht als der hervorragendste Lehrer in der Gnadenfrage, und in der Lehre des „gemilderten Augustinismus“ hat die katholische Kirche zugleich die Verdienste Augustins gebührend anerkannt. Die Gnadenlehre war nicht nur sein eigenstes Forschungsgebiet, sie war auch seine persönlichste Angelegenheit. Mit ihr schloß er lange vor Beendigung des sogenannten semipelagianischen Streites seine Augen in zuversichtlicher Erwartung eines gnädigen Gerichts.

[53]) Ennarat. in psalm. 124, 5 (IV, 1652).

II.

Psychologische Zusammenhänge in den Werken Augustins.

Wenn wir bisher ein Bild des seelischen Lebens Augustins aufzubauen versucht haben, so waren wir natürlich dabei ganz wesentlich auf die Angaben angewiesen, die wir als beabsichtigte oder mehr zufällig eingestreute Bemerkungen Augustins in seinen Werken fanden. Nun sind aber auch die Bücher und Arbeiten eines Menschen an sich ein wertvolles Hilfsmittel zur Vervollständigung des Gesamtbildes, indem ihre Art uns sichere Schlüsse auf das Wesen ihres Schöpfers zu ziehen gestattet. Bei Augustinus sind wir in der glücklichen Lage, in den Konfessionen und Retraktationen zwei Werke seltenster Eigenart zu besitzen, die uns ungemein in unserem Bemühen fördern können, wenn wir es verstehen, nicht nur ihren Inhalt zu beachten, sondern uns auch bemühen, die Bedingungen ihres Entstehens, die inneren Gründe für ihr Werden herauszulesen, Wesen, Gehalt und Form dieser Werke lebendig werden zu lassen, damit sie uns über den Autor, sein Denken, Fühlen, Wollen und seine Strebungen unterrichten. Die bis auf den heutigen Tag unerhörte Tatsache, daß ein Autor Konfessionen und Retraktationen schreiben konnte, war für sich allein schon Grund und Veranlassung genug, eine psychologische Sondierung vorzunehmen, ja mußte notwendig dazu zwingen. Einer Betrachtung dieser beiden charakteristischsten Schriften soll noch eine zusammenfassende Übersicht über die andern Werke folgen, soweit sie für die Beurteilung der Psyche Augustins von Bedeutung sind.

1. Die Konfessionen.

Kein Werk eines Kirchenvaters hat eine solche Beachtung und Verbreitung gefunden wie die Konfessionen des hl. Augustinus. Und das nicht ohne Grund. Bekenntnisse eines Menschen erregen immer die Aufmerksamkeit neugieriger Augen und Ohren, besonders dann, wenn sie von einem vielbeachteten Menschen stammen und dieser sich obendrein nicht scheut, den ganzen Ballast des vergangenen Lebens auszuschütten und das Unterste zu oberst zu kehren. So geht es mit jedem Bekenntnis, vorzüglich den wenigen, die für spätere Generationen allgemein zugänglich gemacht wurden. Die Konfessionen Augustins sind aber noch von besonderer Bedeutung, weil sie unter den übrigen Werken des Heiligen nicht wenig auffallen. Wenn man sich nämlich die Mühe gibt, auch die andern Schriften zu lesen, die vor und nach 400, wo wir etwa das Geburtsjahr der Konfessionen ansetzen dürfen, aufgeschrieben wurden, so sind wir sehr überrascht und erstaunt. Wo ist bei jenen die blendende Sprache, wo die innige Wärme, wo diese fühlbare Persönlichkeitsnähe? In der Gleichförmigkeit philosophischer, dogmatischer und moraltheologischer Abhandlungen der übrigen gleicht dieses Werk einer paradiesischen Insel inmitten des wogenden und doch gleichförmigen, gewaltigen Meeres. Einsam ragt es heraus und unterbricht es die unablässige Gelehrtenarbeit, um den Vorhang, hinter dem der Mensch Augustinus sich so lange und sorgsam verbarg, für einen Augenblick wegzuziehen, damit wir ihn sehen, diesen eifrigen und doch so gequälten und bangen Diener Gottes. Hier spüren wir pulsierende Glut, hier atmen wir Erdenhauch, hier fühlen wir lebendigstes Leben. Erschauernd stehen wir vor dem Kampf einer hohen Seele gegen den erdgebundenen Leib, vor dem Kampf eines Menschen um seinen Gott. Der Gewalt des Stoffes entspricht die Größe der Form; und so bilden in der Tat die Konfessionen den von Augustin nicht wieder erreichten Gipfel persönlicher Darstellung und Gestaltung. Nur einmal hatte er mit ähnlich schöpferischer Kraft Ähnliches geschaffen: Das Gebet, das er in den „Selbstgesprächen" zu seinem Schöpfer und Gott emporsteigen ließ. Hier wie dort war sein Kunstwerk der edelste und angemessenste Ausdruck seiner tiefen Frömmigkeit.

So ist es denn wohl verständlich, daß die Konfessionen einen ungeheuren Eindruck machen mußten und zu der Quelle erhoben wurden, aus der man sein Wissen um

Augustinus schöpfte. Ob ganz mit Recht? Wir werden diese Frage beantworten müssen und wollen daher mit einfühlendem Tasten uns um Verständnis und Erfassen des Buches bemühen.

Ganz hat Augustin seine Natur als gelehrter Theologe doch auch bei diesem Werke nicht verleugnen können; denn der schwungvollen Darstellung seines vergangenen und gegenwärtigen Lebens läßt er in drei weiteren Büchern, ohne einen durch das Thema bedingten Zusammenhang direkt verbunden, eine theologische Abhandlung über die Weltschöpfung als Anhang folgen. Diese drei letzten Bücher der Konfessionen scheiden wir von unserer Betrachtung aus. Psychologisch ist diese unorganische Angliederung nicht recht verständlich. Vielleicht wurde er sich der Neuartigkeit seines Unternehmens etwas zu stark bewußt und wollte so den Leser wieder von seiner Person ganz weg zu Gott führen.

„Bekenntnisse“ hat Augustin geschrieben, in denen er seinen Gott und sich vor aller Welt bekennen wollte. Gott ob des Guten, sich selbst aber ob des Bösen. Diese Doppelbedeutung liegt ebenso in der deutschen Übersetzung wie in dem lateinischen Worte. Wir sollten deshalb auch in unserer Sprache uns der Zweideutigkeit des Wortes bewußt bleiben, dann stellen wir den Inhalt des Buches mit dem Sinne dar, den Augustin ihm selbst gegeben hat. Denn es ist ein Loblied Gottes durch das Bekenntnis des Menschen. Wir sollen daher den Titel auch nicht mit „Loblied“ übersetzen [1]), wie man das vorgeschlagen hat, denn das sagt zu wenig; brauchen es aber anderseits auch nicht unübersetzt zu lassen [2]), da wir ein gleiches Wort mit doppeltem Sinn besitzen.

Gewiß sind die „Bekenntnisse“ ein Loblied und ein Bekenntnis, wie ihr Inhalt beweist, aber erschöpft sich darin ihre Bedeutung? Sind das die einzigen Motive, die Augustin zur Niederschrift und Verbreitung dieses Werkes veranlaßten? Wenn er das Bedürfnis hatte, Gott zu preisen und zu verherrlichen, weshalb tat er es nicht in der Stille seines Herzens, wie er es gewohnt war, er, der sonst trotz hoher unbewußter Affektspannung so ängstlich

---

[1]) Bardenhewer, S. 428 u. Asslaber, S. 45.

[2]) v. Hertling, „Bekenntnisse“, S. 2.

bemüht war, seine Gefühle zu verbergen? Und wenn er Gott lobpreisen wollte, warum denn gerade durch ein Bekenntnis, und warum gerade in jener Zeit, wo er es tat?

Und wenn sie ein Bekenntnis sind, warum bekennt er gerade jetzt, wo er mitten im Leben steht, in der Vollkraft seines Schaffens, in der Würde eines katholischen Bischofs? Weshalb gerade jetzt und öffentlich vor aller Welt? Denn man wende nicht ein, daß dies eine sittliche Tat gewesen sei, zu der Augustinus jederzeit bereit gewesen wäre. O nein, ganz im Gegenteil hat es eine Zeit gegeben, wo er um keinen Preis bereit war, seine persönlichen Geheimnisse zu verraten. Im Jahre 392 schrieb er nämlich in einem Briefe an den Metropolitanbischof von Karthago, Aurelius: „Ich habe vieles aus meinem Leben und meinem Verhalten zu beweinen, wovon ich nicht möchte, daß es auf brieflichem Wege zu dir gelangte, sondern nur so, daß zwischen meinem und deinem Herzen keine andere Vermittlung wäre als mein Mund und dein Ohr“ [3]). Danach hätte Augustinus acht Jahre, vor dem er es tat, die Konfessionen nicht der Öffentlichkeit übergeben, wenn er sich hier schon scheut, sogar einen Brief einem vertrauten Manne zur Beförderung zu überlassen. Zu einem Bekenntnisse war er bereit, ich möchte sagen, trieb es ihn schon, aber nicht zu einem öffentlichen [4]). Hatte er das Bedürfnis, bei Aurelius zu beichten? Dann würde es sich nur um sein Verhalten in der Zeit von der Taufe bis zu jenem Briefe gehandelt haben. Oder beginnt schon hier, was sich in den Konfessionen verdichtet hat, mit Gewalt zum Ausbruch drängte und die Fesseln der Konvention sprengte? Oder war es nur der Wunsch, die Jugendzeit mit ihren Irrfahrten dem Bischof darzulegen? Aber warum das? Er hatte ja Vergebung aller vorhergehenden Sünden und Tilgung aller Schuld erlangt durch seine Taufe, weshalb also nochmals davon reden!

Wenn wir auch den Inhalt der „Bekenntnisse“ lesen und die letzten Absichten kennen, ohne daß wir uns dabei auf Vermutungen zu verlassen brauchten, da Augustin sie selbst hervorhebt, so wissen wir über die inneren Triebkräfte, die Veranlassung zu dem vulkanartigen Gefühls-

[3]) Ep. 22, 9 (II, 94).

[4]) Deshalb konnte er auch sagen: „Wie wenig war es, was davon durch meinen Mund in die Ohren meiner vertrautesten Freunde drang!“ (Conf. 7, 7).

ausbruch waren, noch nichts, und doch sind sie gerade das Wichtigste für den psychologisch Eingestellten.

Der mit den geheimsten Regungen der Seele wie kein zweiter vertraute Dostojewski gibt in seinem Buche „Der Jüngling" eine treffende Charakteristik über autobiographische Tätigkeit: „Eines aber weiß ich genau, schreibt er, meine ganze Lebensgeschichte würde ich niemals schreiben und sollte ich auch hundert Jahre alt werden. Da muß man denn doch gar zu erbärmlich in die eigene Person verliebt sein, um, ohne sich vor sich selbst zu schämen, über sich selbst schreiben zu können. Was mich diesmal noch entschuldigt, ist ja nur, daß ich nicht aus dem Grund schreibe, der alle anderen veranlaßt, das heißt ich schreibe nicht, um vom Leser bewundert zu werden. Wenn es mir trotzdem in den Sinn gekommen ist, alles wortgetreu aufzuzeichnen, so ist das aus einem inneren Bedürfnis heraus geschehen: einen so großen Eindruck haben diese Erlebnisse auf mich gemacht" [5]).

Auch für Augustin hatte sein Leben an sich keine Bedeutung, so daß er aus den üblichen biographischen Anlässen niemals daran gedacht hätte, es darzustellen, zumal damals nicht, wo er selbst noch mitten im Leben stand, und ihm nicht der Gedanke kam, daß es Zeit würde, von dieser Schaubühne abzutreten. Auch bei ihm war es ein inneres Bedürfnis, der Eindruck spannender und belastender Momente, die ihm durch die Flucht in die Öffentlichkeit Befreiung, Hilfe und Entspannung brachten.

Wir haben früher immer hervorgehoben, daß man ein richtiges psychographisches Bild von einem Zustand nur dann erhält, wenn man sich auf die Quellen des gleichen Zeitabschnitts stützt. So wollen wir es auch hier halten. Ja man wird wohl der Forderung nicht ausweichen können, aus den Konfessionen selbst die letzten Motive verständlich erfassen zu müssen. Denn es dürfte sich wohl gegen die Behauptung nicht viel einwenden lassen, daß die Annahme, ein Werk sei aus ganz besonderen, nicht ohne weiteres zutage liegenden oder noch nicht bekannten Motiven geschrieben, aus dem Werke selbst gestützt werden muß. In ihm müssen diese letzten Beweggründe enthalten sein; vielleicht nicht offen, vielleicht mehr oder

---

[5]) Dostojewski, Der Jüngling, Bd. 1, Kap. 1, Anfang.

weniger verborgen, ohne bewußte Hervorhebung, aber enthalten müssen sie darin sein. Und wenn wir sie glaubwürdig machen wollen, müssen wir sie in verständlichem Zusammenhang aus dem Werke entwickeln. Gekünstelte Theorien und vage Behauptungen allgemeiner Art, die eben, weil sie unbewußte Motivierungen annehmen, nun auch glauben, alle nur möglichen Zusammenhänge konstruieren und als Tatsachen hinstellen zu dürfen, haben kein Anrecht auf wissenschaftliche Anerkennung, d. h. auf allgemeingültige Verbindlichkeit.

Zunächst aber ist es natürlich auch von Wichtigkeit, was der Verfasser selbst an anderer Stelle über die Konfessionen geschrieben hat. In den Retraktationen sagt er uns selbst nicht viel mehr als wir schon wissen, nämlich, daß sie, wie alles, was Augustin als Christ tat, ein Loblied Gottes sein sollen: Confessionum mearum libri tredecim, et de malis et de bonis meis Deum laudant justum et bonum, atque in eum excitant humanum intellectum et affectum; interim quod ad me attinet, hoc in me egerunt, cum scriberentur et agunt cum leguntur [6]). Und später erwähnt sie Augustinus in dem letzten seiner Briefe [7]), die auf uns gekommen sind, und gibt natürlich auch hier das Lob Gottes als das letzte Ziel an; doch schwingen auch noch Andeutungen eines anderen Motives mit, auf das wir gleich zurückkommen werden.

Die Konfessionen zerlegen den Schwerpunkt der Abhandlung in zwei Hälften. Die erstere stellt den größeren Abschnitt des Werkes dar, befaßt sich mit dem vergangenen Leben des Heiligen und gipfelt in seiner Bekehrung als dem offensichtlichen und tatsächlichen Höhepunkt seines bisherigen Daseins; die zweite aber beschränkt sich auf eine kurze Darstellung im zehnten Buche und geht auf sein gegenwärtiges Leben. Wenn sie auch nicht viel Tatsachen bringt und deshalb gegenüber dem Vorleben Augustins mit wenig Worten erledigt ist, so steht sie doch an leidenschaftlicher Inbrunst dem anderen Teile nicht nach. Ja für die psychologische Erfassung der Konfessionen ist sie von geradezu grundlegender Bedeutung und gibt den Schlüssel zum Verständnis des ganzen Werkes.

---

[6]) Retract. 2, 6, 1 (I, 632).

[7]) Ep. 231, 6 (II, 1025 f.); vgl. auch de don. persev. 20, 53 (X, 1026).

Augustinus steht nämlich mitten in einer schweren inneren Krise. Es ist Verzweiflungsstimmung, aus der wie ein Notschrei und Hilferuf aus der geängstigten Brust die Confessio zum Himmel dringt, um ihm Hilfe zu erflehen. Er hat ja vor gar nicht langer Zeit einen neuen Gedanken in sich aufgenommen, der ihm bis dahin fremd war. Denn glaubte er anfangs noch an eigenes Verdienst bei seinem Übertritt zur katholischen Kirche und seinem sittlichen Wandel, so hat er, wie wir wissen, einsehen müssen, daß auch hier nicht der eigene Wille das gute Werk vollbrachte, da selbst der Anfang im Glauben und Guten nicht ohne Gottes Gnade dem Menschen gestattet ist. Quid habes, quod non accepisti, . . ., (1. Kor. 4, 7) was hast du, daß du nicht empfangen hast; wenn du es aber empfangen hast, was brüstest du dich, gleich als hättest du es nicht empfangen! Diese Worte des Apostelfürsten Paulus hatten ihn von seinem Thron heruntergerissen, hatten ihm den Glauben an jedes eigene gute Werk ohne zuvorkommende Gnade Gottes geraubt und rauben müssen. Also Gott war es, der ihm durch den Erlösungstod seines Sohnes die Gnade der Bekehrung geschenkt hatte, ohne daß er durch sein Verdienst (gratia gratis data) sich ein Anrecht darauf hätte erwerben können. Hier unten der kleine Mensch, der von sich aus nur sündigen kann, da Gott hieran in keiner Weise Anteil hat, dort der unendlich große, gütige und gerechte Gott, der allem Menschenwerk durch sein freies Gnadengeschenk erst den Charakter des guten und verdienstlichen Werkes gibt. Der Abstand zwischen dem Menschen und Gott war so ein erschreckender geworden, und die Möglichkeit, die Kluft zu überbrücken, so ganz in die Hand Gottes gelegt und schier so unerreichbar für das Flehen des Menschen, daß Augustin fast verzagen wollte. Was Wunder, daß er in der Not seines Herzens aufschrie zu Gott und ihn aus tiefstem Grund um Gnade anflehte! Da quod jubes et jube quod vis, gib, was du befiehlst, und befiehl, was du willst [8]). Das ist der unmittelbare Ausdruck seines damaligen tiefsten Empfindens und seines lebendigsten Gnadenverlangens. „Darin aber beruht meine Hoffnung, daß du getreu bist und uns nicht über unsere Kraft wirst

[8]) Conf. 10, 29.

versuchen lassen, sondern bei dem Versuch auch den Ausgang geben, daß wir ausharren können"[9]). Wie damals in den Tagen der Umkehr, so brauchte er auch jetzt die führende Hand seines Herrn. „Du aber, o Herr, erbarme Dich meiner nach Deiner großen Barmherzigkeit um Deines Namens willen; der Du niemals aufgibst, was Du begonnen, mache vollkommen, was unvollkommen ist"[10]).

Und weshalb fürchtet Augustinus für sich, weshalb erinnert er seinen Gott daran, daß er, wie er niemals etwas aufgibt, was er begonnen, so sich auch seiner durch ihn begonnenen Bekehrung erinnern und auch ihn nicht aufgeben möge? Das alte Gespenst ist wieder aufgetaucht. Die alte und stets mit Erfolg bekämpfte Leidenschaft meldet sich wieder heftig in ihm. Noch hat sie keine Gewalt über ihn, noch steht er unerschüttert im täglichen Kampfe. Aber wie ist es nachts mit diesem Dämon und „nächtlichen Schreckgespenst" bestellt? Da hat es ihn angepackt und mächtig aufgerüttelt. In der Nacht triumphiert die Leidenschaft über den Schlafenden[11]). Gewiß erkennt Augustinus, „daß nichts von uns geschehen ist, wenn es uns auch schmerzt, daß es irgendwie in uns geschehen ist"[12]). Aber doch schwankt er in der Frage der Schuld[13]), und jedenfalls ist Gefahr in Verzug. Wie lange noch kann der Wachende stark bleiben und Sieger sein? Deshalb ließ er sich zu einer Frage verleiten, die er in ruhigen Tagen wohl nie gestellt hätte, er, der sich selbst so rücksichtslos unter Gottes Willen und Fügung hingab. Die Verzweiflung trieb zum fast vermessenen Beschwören Gottes: „Ist etwa, allmächtiger Gott, Deine Hand nicht mächtig genug, alle Krankheiten meiner Seele zu heilen und durch überschwengliche Gnade auch die sinnlichen Regungen meines Schlafs auszutilgen? . . . Du kannst ja bewirken, daß ich an nichts derart mehr das geringste Wohlgefallen hege, auch nicht so viel, als sofort der leiseste Wink des in züchtigen Empfindungen Eingeschla-

[9]) Conf. 10, 5.
[10]) ib. 10, 4.
[11]) ib. 10, 30.
[12]) ib.
[13]) Vgl. Caesar. Arel. Ep. 292, 5 (Migne, Patrol. lat. 39, 2299): Si post pollutionem quae nobis nolentibus fieri solet, nobis communicare non licet, nisi prius praecedat compunctio et eleemosyna, et si infirmitas non prohibet, etiam jejunium, quis est . . .

fenen verscheuchen könnte; für Dich, den Allmächtigen, ist es ein Kleines, dies auch schon in meinem jetzigen Alter, nicht erst im späteren Leben zu bewirken“ [14]). Und daher nochmals: continentiam jubes, du verlangst Enthaltsamkeit: da quod jubes, et jube quod vis [15]).

Die Enthaltsamkeit von der Fleischeslust ist es, die Augustin ständig noch einen schweren und fast verzweifelten Kampf aufnötigt. Ihr gegenüber dürfen wir die Augenlust und die Hoffart der Welt, die er auch noch zu mächtig in sich wähnt, billigerweise übergehen. Die sinnliche Leidenschaft ist ja sein altes Schmerzenskind, und um sie zu bekämpfen, bedarf er Gnade von Gott, überreichlich Gnade. Wie kann er zu ihr gelangen, die doch als freies Geschenk Gottes gewährt wird? Das einzige, was ihm bleibt, ist das Gebet. Er selbst hat sich immer und immer wieder an Gott gewandt und durch Bekenntnis seiner Sünden Gnade erfleht. Es ist ihm nicht genug, er sucht Bundesgenossen; denn er bedarf unermeßlicher Gnade, da „ich nicht weiß, welchen Versuchungen zu widerstehen ich die Kraft besitze und welchen nicht“ [16]). Daher gibt er sein Innenleben den Mitmenschen kund, damit die, welche ihn lieben, ihm helfen Gott anzuflehen. „Denn die Frucht ist nicht klein, daß Dir von vielen von uns Dank gesagt wird und viele Dich für uns anrufen“ [17]). Damit sich der Herr seiner erbarmen kann, „ist dies das Ziel, welches meine Bekenntnisse erstreben, wenn sie nunmehr berichten, nicht wie ich gewesen bin, sondern wie ich bin“ [18]). Das ist die öffentliche Beichte des Heiligen, die Angstbeichte, die damit zugleich ein Werk der öffentlichen Buße wird. Im sakramentalen Sinne wird sie ja von ihm nicht gefordert, da keine Sünde vorliegt, um deretwillen sie verlangt werden müßte. In ruhigen Stunden weiß das Augustinus auch selbst, aber dann kommt wieder die große Angst und innere Unruhe, und trübt ihm den klaren Blick. Und er ist doch der Bischof einer Gemeinde, hat besondere Rechte und damit Pflichten, ist herausgehoben aus der Schar der übrigen Gläubigen, ist

---

[14]) Conf. 10, 30.
[15]) ib. 10, 29 sub. fin.
[16]) ib. 10, 5.
[17]) ib. 10, 4.
[18]) ib.

nicht nur Christ, sondern auch Gesalbter des Herrn, und deshalb muß er und besonders Gott erhöhte Anforderungen an sich stellen, und ist die öffentliche Beichte die seiner Stellung, seiner bisherigen Tätigkeit als heidnischer Redner und christlicher Schriftsteller sowie seinem ganzen inneren Empfinden entsprechendste und angemessenste Tat; sie ist zugleich auch die Erfüllung einer Forderung seines Kleinheitsgefühls, daß die ganze Welt ihn so sieht, wie er ist, und nicht so, wie er scheinen könnte.

Das Gnadenverlangen, das die Konfessionen im tiefsten Grunde darstellen, wird in dem vorerwähnten Briefe Augustins an Darius aus dem Jahre 429, also kurz vor seinem Tode, von ihm noch einmal deutlich als Kernpunkt derselben herausgestellt [19]). Denn wenn du in den Konfessionen gelesen hast, wie ich bin, schreibt Augustin etwa, dann „bete für mich, damit ich nicht zugrunde gehe, sondern vollendet werde; bete, lieber Freund, bete; ich fühle, was ich sage, ich weiß, um was ich bitte". Und nicht nur an dich, fährt er etwa fort, sondern auch an deine Freunde richte ich die Bitte: betet für mich! Das ist der Notschrei der Seele in Erwartung des großen Zieles, der letzten Fahrt mit der ungewissen und bangen Frage, werde ich bestehen in Ewigkeit, gehöre ich zu den Auserwählten des Hern?

Dieses Grundverlangen der Konfessionen wird keineswegs dadurch verschoben, wenn etwa Augustin auch mit auf Drängen der Freunde sich dazu entschlossen hätte, seine Konfessionen zu schreiben, wie man manchmal anzunehmen versucht ist [20]). Sie wußten von seiner Vergangenheit und wunderten sich vielleicht ob seiner Strenge und Sittenreinheit. Ihnen offenbarte er sich, indem er sich dabei so recht seiner Schwäche bewußt wurde. Dieses Motiv hätte höchstens dazu beigetragen, die Färbung seiner eigenen Taten noch dunkler zu gestalten, damit man ja kein falsches Bild bekomme, damit die Freunde sähen, wie sie sich in ihm getäuscht hätten. Aber Gnadenverlangen lebendigster und dringendster Art bleiben die Konfessionen auf alle Fälle. Alles andere könnte allenfalls nur der äußere Anstoß gewesen sein. Sein ganzes

---

[19]) Ep. 231 6, (II, 1025).

[20]) Conf. 10, 3 u. 4; vgl. auch Baronius, zit. Vita 4, 12, 2 (I, 263 f.).

Innere klarzulegen, dazu gehörte ein ungeheurer Entschluß. Und wir wissen ja, wie Augustin zu anderer Zeit darüber dachte. Dann verrät das Werk auch selbst ein solches Maß leidenschaftlicher Ausbrüche und schwerster Affektspannungen und unterscheidet sich so gewaltig von allen seinen anderen Werken durch die Unmittelbarkeit seiner gefühlsbetonten Gestaltung, daß nur schwerstes inneres Ringen und Kämpfen diese gewaltige Erschütterung und Entladung und Entspannung verständlich machen kann.

Fügen sich nun in diese Auffassung der Konfessionen als ein dringliches Gebet um Gnade, als ein Gnadenverlangen auch die breiteren Darlegungen Augustins über sein vergangenes Leben ungezwungen ein? Ich glaube wir dürfen diese Frage ohne Scheu bejahen. Denn die Hoffnung auf weitere Gnadenspenden stützt sich ja gerade auf das W i s s e n, daß Gott bei seiner Bekehrung ihm mit seiner Gnade zuvorgekommen ist und ihm nun, wo er die schweren Lasten der Nachfolge des Herrn, ja sein Kreuz auf sich genommen hat, die weitere Gnade nicht verweigern kann, als Mensch möchte er sagen, nicht verweigern darf. Hier streitet ja das menschliche Gefühl gegen sein besseres Wissen: Gratia gratis data, und schafft so eine ungeheuere seelische Spannung. „Der Du niemals a u f g i b s t, was Du b e g o n n e n“ [21]), dieser Gedanke ist zugleich die Verbindung zwischen der Darlegung seiner Vergangenheit und seiner Gegenwart. Daher hat dieser Hauptteil der „Bekenntnisse“ auch seinen natürlichen Gipfel in der Bekehrungsszene. Jetzt wird es klar, warum die Bekehrungsszene so pointiert herausgehoben wird im Gegensatz zu allen Darstellungen der früheren Zeit. Jetzt können wir uns nicht mehr wundern, daß sie Augustin und seine Leser so gefangen hält und ihnen so den Atem raubt. Jetzt brauchen wir uns nicht mehr darüber aufzuhalten, daß er über sie in den im unmittelbaren Anschluß daran auf dem Landgute des Verecundus aufgeschriebenen Gesprächen, wenn auch eindeutig, so doch nur wie von ungefähr an ihr vorüberging. Inzwischen sind ihm die Augen aufgegangen. Was damals unbedeutende Nebensächlichkeit erschien, ist heute für

[21]) Conf. 10, 4.

den rückschauenden Blick höchstes Ereignis. Damals war es ihm noch die Tat des Menschen, heute ist es allein das Werk Gottes. Quid habes quod non accepisti? Auch das initium fidei, seine Bekehrung war das Werk des gütigen Gottes. Den Deus propitius hatte er in seiner tiefsten Bedeutung erkennen gelernt. Einen mächtigen Eindruck hat diese Erkenntnis auf ihn gemacht, wo er noch mehr als dreißig Jahre später sich dieser tiefgreifenden Wandlung seiner Anschauungen erinnerte; ja, war sie doch auch indirekt Anlaß zum Ausbau seiner Gnadenlehre, zur Vollendung seines Lebenswerkes und seiner Lebensaufgabe geworden.

Wie aber wollte er wohl anders seinen Mitmenschen, die er um inständiges Gebet zu Gott, um Beistandsgnade für sich selbst so dringlich aufforderte, zeigen, daß er der Gnade bedürfe, und nichts weiter als der Gnade, außer dadurch, daß er ihnen zwar nicht so sehr sein vergangenes Leben als vielmehr die Wirksamkeit und unerläßliche Notwendigkeit der Gnade Gottes an Hand der Darstellung seines Lebenslaufs vor Augen führte. In seinem Leben und besonders in seiner Bekehrung hatte er das eindrucks- und wirkungsvollste Mittel in der Hand, um den Menschen zuzurufen, seht, daß ich recht habe mit meinem Verlangen, daß „ich weiß, worum ich bitte!" Der Mensch kann nichts aus sich selbst — es sei denn das Böse, wie ihr es bei mir gesehen. Selbst die Umkehr zum wahren Glauben, die wir alle doch fast — vielleicht als einzige — eigene gute Tat des Menschen selbst gehalten haben, seht, auch diese ist nicht unser Werk, auch zu ihr sind wir aus uns dank Adams schrecklichem Hochmut (superbia) nicht befähigt, auch hier muß Gott zunächst sein „es werde" sprechen. Wieviel mehr also müssen wir Menschen, und besonders ich, schwacher Augustinus, Gott anflehen, daß er uns helfe in der Stunde der Versuchung und Not. Die Konfessionen sind damit die unausweichliche Folge einer ganz bestimmten Konstellation: nämlich die Auswirkung des grundlegenden Gedankens von 397 in einer bedrängten und bedrängtesten Augenblickslage bei dem Wissen um die nicht zu umgehende Tatsache der gratia g r a t i s data. Hierdurch wird das G e b e t, der Person und der Gemeinde, Mittel- und Angelpunkt für den Hilfesuchenden überhaupt, als Gebet um Gnade Zentralproblem der Konfessionen im besonderen. Von dieser Warte aus wird es uns ohne weiteres verständlich, welche Wirkung die Begriffe Gebet und Gnadenverlangen für die Konfessionen hatten, und es kann niemand zweifeln, daß sie die Wucht und Stoßkraft hatten, um Augustins Confessio an die Öffentlichkeit zu bringen. Man verfalle nur nicht in den Fehler, Gebet gleich Gebet zu setzen. Von der Inbrunst und Leidenschaftlichkeit Augustinischen Betens sowie seinem Gefühl von eigener Gebetsbedürftigkeit als einziger Hilfsquelle können wir modernen Menschen — bis auf Ausnahmen — uns, weil unter anderen Voraussetzungen stehend, einfach keine Vorstellung machen.

Der vorstehend entwickelte Zusammenhang ergibt sich ungezwungen aus der Darstellung der Konfessionen selbst. Wenn somit auch der erste Teil der Lebensschilderung als ein großes Bekenntnis seiner Sündenschuld wirkt, so ist das hier doch nur der Untergrund, auf dem Gottes Güte sich als prächtiges Gebäude erheben soll. Hier liegt ganz sicher keine sakramentale Confessio vor. Die „Sünden" seiner vorchristlichen Zeit waren ihm durch die Taufe samt Strafen erlassen; das war ihm bekannt und er drückte es mit den Worten aus: „meine vergangenen Sünden hast Du vergeben und zugedeckt, indem Du meine Seele umwandeltest durch den Glauben und Dein Sakrament" [22]), oder „wir empfingen die Taufe, und von da an war jede ängstliche Sorge wegen des früheren Lebens geschwunden" [23]). Eine Bekenntnisbeichte war deshalb nicht erforderlich, und zudem pflegte Augustin das in der Stille mit seinem Gott abzumachen[24]) in täglichem Bekenntnis[25]).

Augustin selbst gibt den Grund für die Darstellung seines vergangenen Lebens mit den Worten an: „Wenn die Bekenntnisse meiner vergangenen Sünden gelesen und vernommen werden, so werden sie das Herz aus dem Schlafe der Verzweiflung wecken, daß es nicht sage: ich kann nicht, sondern in Deiner erbarmungsvollen Liebe und der Süßigkeit Deiner Gnade aufwache; denn in ihr ist jeder Schwache mächtig, sofern er durch sie seiner

[22]) Conf. 10, 3.
[23]) ib. 9, 6.
[24]) ib. 10, 2.
[25]) ib. 10, 3.

Schwachheit sich bewußt wird. Und die Guten hören gerne von den vergangenen Sünden derer, die frei davon geworden sind, nicht darum, weil es Sünden sind, sondern weil sie waren und nicht mehr sind" [26]). Gewiß mögen diese Erwägungen ein Grund mehr zur Verwirklichung des Gedankens gewesen sein, aber auch nicht mehr; vor allem kein Grund, der unseren Augustinus hätte veranlassen können, aus der Verschwiegenheit seines Herzens herauszutreten. Die Liebe zum schwachen und guten Mitmenschen allein kann niemals die grandiose Spannung erklären, die wir in dem Buche unmittelbar empfinden, ganz abgesehen davon, daß mit dieser Begründung als einziger Motivquelle das Buch der Bekenntnisse in zwei organisch nicht mehr verbundene Teile zerfiele, indem die Schilderung des vergangenen und gegenwärtigen Lebens und die Augustin bewußte [27]) Gegensätzlichkeit derselben unverständlich und ohne leitenden Gedanken blieb. Augustinus hat uns aber selbst auch gezeigt, daß diese beiden Teile unter einer einzigen Leitidee zusammenzufassen sind, wenn er sagt: „Wollen sie (die Menschen) mich mit mir beglückwünschen, wenn sie hören, in welchem Maße ich Dir durch Deine Gnade näher gekommen bin, und wollen sie für mich beten, wenn sie vernehmen, in welchem Maße ich durch mein eigenes Schwergewicht zurückgehalten werde?" [28]). Dort Gottes weithin leuchtende Gnadentat in der Bekehrung, hier der armselige Mensch mit seiner sündennahen Leidenschaft, zurückgehalten von der Anschauung Gottes durch seine Erdenlast. Über beiden aber Gottes Gnade, dort w a r sie hilfreich, hier muß sie um so inniger erfleht werden.

Wer Selbstbekenntnisse schreibt, hat etwas Dringliches auf dem Herzen, der muß sich etwas von der Seele schreiben. Dieser allgemeingültige seelische Vorgang ist neben bewußten Absichten und Tendenzen die eigentlich treibende Kraft bei diesem ungewöhnlichen und seltenen Tun und verleiht dem Werke das Ursprüngliche und Dringliche, die Erdennähe und das Erhabene. Für den Autor ist die Vollendung des Werkes Entlastung und Entspannung zugleich. Mögen sie von mir wissen, was sonst

---

[26]) Conf. 10, 3.
[27]) ib.
[28]) ib. 10, 4.

verborgen bleibt, mögen sie über mich spotten und mich verachten, mögen sie mich vielleicht auch schätzen, wenn sie nur die Nutzanwendung auf sich ziehen, wenn sie nur Gottes Tat vor dem menschlichen Werk sehen, wenn sie ihn nur dafür preisen wollen, das alles mögen bewußte Tendenzen des vorliegenden Werkes sein. Davon unabhängig und als Motiv von ungleich größerer Bedeutung ist das, was an gemütlichen Spannungen im Menschen stößt und drängt, sind die affektbetonten Komplexe. Es ist psychologische Erfahrung, daß jeder außerordentliche und ungewohnte Schritt eines Menschen seine treibende Kraft nicht dem Gedanken an sich, sondern dem damit verbundenen Urgefühl verdankt, so daß der Außenstehende, soweit er psychologisch interessiert ist, mit Recht hier seinen Hebel ansetzt, um tiefer in die seelische Werkstatt einzudringen.

Als Hauptergebnis einer solchen Untersuchung haben wir als den Komplex, der die wesentlich treibende Kraft für die Entstehung der Konfessionen darstellte, ein Gnadenverlangen Augustins herausgestellt. Und wir haben auch schon gesehen, daß er ein aus zwei Hauptbestandteilen zusammengesetzter Komplex ist. Der eine ist das Gnaden-, der andere das Sündenproblem. Auf beide sowie ihre Bedeutung bei Augustinus kommen wir in anderem Zusammenhange nochmal zurück; hier genüge die Feststellung, daß sie auf Augustins seelisches Verhalten von eminentem Einfluß gewesen sind.

Unter dieser Voraussetzung wird uns jetzt auch die eigentümliche Färbung der Konfessionen verständlich: Gebetsstimmung, und doch so dunkel und so bang, so schaurig und so gequält. Ein Schmerzensschrei, der Ausdruck gigantischen Ringens in Vergangenheit und Gegenwart. Abwendung von der Welt, von der Welt göttlicher Schöpfung und göttlicher Freuden. Nirgends ein himmelstürmendes Alleluja! Wie hätte es auch anders sein können! Dort der unendliche Gott, das ewige Gut, durch dessen Gnade alles ist und alles gut ist, und hier der Mensch Augustinus, der nichts aus eigener Kraft vermag, als zu sündigen. Hier allein ist er ganz frei und Alleinschuldiger und hierfür folgt ebenso unabänderlich wie für das peccatum originale, die Erbsünde, ein gerechtes Gericht. Vielleicht nie mehr hat Augustin seine Ohnmacht so empfunden und so in Verzweiflung gerungen, die Welt, die Geschöpfe und sich selbst als Zeichen und Quelle des Bösen verachtet wie in jener Zeit. Er spürte selbst an seinem Leibe noch die Macht der ungeordneten Sinnlichkeit, der im mindesten nachzugeben er als Sünde empfand. Und was war sein ganzes vergangenes Leben in seinen Augen damals anders als eine Aneinanderreihung einer Sünde an die andere, obwohl die subjektiven und objektiven Charaktere der Sünde in der Mehrzahl seiner Selbstbeschuldigungen gar nicht vorlagen, sondern nur nachträglich von ihm in seine Handlungsweise hineingelegt wurden. Wie er in jeder leisesten Regung irgendeiner Sinnenlust eine Sünde zu sehen geneigt war, so projizierte er von diesem Standpunkt aus auch die sündhafte Absicht in seine früheren Taten. Im Gegensatz zu früher empfand er jetzt die Sünde als eine schwere Trübung seines persönlichen Verhältnisses zu Gott, als eine Auflehnung gegen Gottes Willen und Ordnung, d. i. sein Gesetz, als den Faustschlag ins Antlitz Gottes. Diese Präokkupation von dem Problem der Sünde, vom sexuellen Problem, sowie von dem Gedanken der Gnade bedingen notwendig die Färbung der Konfessionen, an die wir uns stets erinnern müssen, wenn wir sie zu Schlüssen heranziehen, in denen ein Werturteil enthalten ist [29]). Ohne weiteres dürfen nur ihre tatsächlichen Angaben quellenmäßig verwendet werden. Diese Behauptung dürfte von ernsten Forschern wohl kaum bestritten werden; sie ergibt sich aus der absoluten Wahrheitsliebe Augustins und der immer korrekten Berichterstattung in allen seinen andern unzähligen Werken. Gelegentliche Versehen und unbeabsichtigte Verschiebungen und Verdichtungen ändern an dieser Behauptung nichts.

Verlangen aber muß man, was durchaus nicht immer in kritischer Weise geschehen ist, daß man sich der affektiven Verschiebung, die in größtem Ausmaße in den Konfessionen erfolgt ist, bewußt bleibt. Wie ich früher schon erwähnt habe, hat Augustin neben den unkritischen Lesern selbst ein gut Teil Schuld daran, daß er in den späteren und auch noch von der lebenden Generation meist so grundfalsch beurteilt wurde bzw. wird. Gelegent-

[29]) Vgl. v. Hertling, Augustinus, 1902, 8 und Rottmanner, OSB., Theol. Rev. 1902, 13 ff. (Jud-Rottmanner. S. 94).

liche Umfrage hat mir das wieder bestätigt und ich kann nur sagen, daß das Ergebnis bis in die gebildeten und gebildetsten Kreise hinein Anschauungen zutage förderten, die mich Mitleid mit Augustin empfinden ließen. Man sollte doch vielmehr berücksichtigen, was die um die Werke Augustins hochverdienten Benediktiner der Mauriner Kongregation von den Konfessionen sagen: „Fit enim ut quae de seipsis scribunt sancti, aut immodice extollant, si mala sint, aut plus aequo deprimant, si bona; es ist üblich, daß die Heiligen, wenn sie von sich selbst berichten, ihre Sünden über das Maß hervorheben, ihre guten Werke aber mehr als billig herabsetzen“ [30]).

Nach diesen Ausführungen über die Konfessionen werde ich wohl nicht mehr die Berechtigung dafür nachzuweisen brauchen, daß ich ihrer Besprechung größeren Raum im Rahmen der vorliegenden Abhandlung zur Verfügung stellte, da sie zur Erkenntnis seines Wesens das wichtigste und unmittelbarste Zeugnis darstellen. Ihr Motto ist das Motto seines Lebens: Fecisti nos ad te, et inquietum est cor nostrum, donec requiescat in te; geschaffen hast Du uns zur Hinwendung auf Dich, und unruhig ist unser Herz, bis es ruhet in Dir [31]).

Die Auswertung der Ergebnisse der vorstehenden Analyse der Konfessionen für die Erfassung der Grundzüge der Persönlichkeit Augustins verschieben wir auf später.

2. Die Retraktationen.

In der Literatur findet sich kein so eigenartiges Werk mehr wie die Retraktationen Augustins, so daß man sie mit Recht einzigartig nennen darf. Durchsicht und Neubearbeitung eines einzelnen, vielgelesenen Werkes, das bestimmt ist auf der Höhe der Zeit zu bleiben, ist uns heute nichts Neues, war aber damals schon durchaus ungewöhnlich. Daß aber ein Autor hingeht und seine gesamten Werke einer eingehenden erneuten Durchsicht und Bearbeitung unterzieht, ist überhaupt noch nicht dagewesen. Es würde auch wohl ein eifriger Schriftsteller, der manchen Band gefüllt hat, sich nicht leicht zu einer

[30]) In Migne, Patrol. lat. 33, Praefat.

[31]) Conf. 1, 1.

solchen Arbeit bereitfinden. Für die Nachwelt lohnt sich das auch nicht, und es gehört schon sehr viel Liebe zu sich und seinen Leistungen dazu, wenn man es nur tun würde, weil man von ihrem Werte überzeugt ist. Man muß deshalb schon annehmen, daß ein Schriftsteller etwas ganz besonderes beabsichtigt, wenn er sich zu einer solchen Arbeit entschließt.

Augustinus äußerte im Jahre 412 zum erstenmal den Wunsch, dieses Buch zu schreiben [1]), wenn er sagt, daß er die Absicht habe, diejenigen Stellen aus allen seinen Werken, die sein Mißfallen erregten, in einem eigens zu diesem Zwecke verfaßten Buche zu sammeln und der Öffentlichkeit zu übergeben. Aber erst 426 kam er zur Ausführung seines Planes. Weshalb er ihn so lange hinausgeschoben hatte, ist nicht recht klar; vielleicht hatte er ihn überhaupt aufgegeben und wurde erst durch die Ereignisse seiner letzten Lebensjahre wieder daran erinnert und noch einmal zu diesem Schritte gedrängt wie 14 Jahre zuvor. Vielleicht schien ihm die Ausführung jetzt unausweichlich notwendig, weil Angriffe, Vorwürfe und Mißverständnisse zu groß geworden waren.

Harnack hat sich schon eingehend mit den Beweggründen auseinandergesetzt [2]), die Augustin zur Herausgabe des Buches veranlaßten, und dabei alles Wesentliche erwähnt, nur scheint mir, daß das für das psychologische Verständnis Bedeutungsvolle nicht deutlich genug hervorgehoben wurde, da der Verfasser sich ja auch von anderen Gesichtspunkten bei seinen Studien über das Werk leiten ließ und von anderen Fragestellungen ausgegangen war. Bei einem so auffallenden Werk, wie es die Retraktationen sind, dürfen wir sicher sein, daß ein ganz bestimmtes Motiv oder wenigstens ein bestimmter Motivkomplex den leitenden Gedanken gab, nicht aber eine Vielheit heterogener Triebkräfte. Diesen wesentlichen Antrieb versuchen wir jetzt herauszuschälen und stellen uns auch hier auf den Standpunkt, daß wir die wahre treibende Kraft nur dann richtig erkannt haben, wenn sie sich von uns aus dem Werke selbst in verständlicher Weise entwickeln läßt. Wir lassen deshalb Augustinus zunächst selbst sprechen, wenn wir im folgenden seinen

[1]) Ep. 143, 2 (II, 586).
[2]) v. Harnack, 1905.

Prolog zu den zwei Büchern der Retraktationen in der Übersetzung von v. Harnack folgen lassen, die wir seinem schönen und verdienstvollen Buche über Augustin entnommen haben:

„Schon lange habe ich überdacht und geplant, was ich nun, weil ich es nicht länger aufschieben zu dürfen meine, mit der Hilfe des Herrn in Angriff nehme: nämlich meine Werke — Bücher, Briefe und Predigten — mit der Strenge eines Richters durchzugehen und, was mir zum Anstoß gereicht, gleichsam als Zensor zu vermerken. Nur ein Tor wird mich zu tadeln wagen, weil ich meine Irrtümer tadle. Sagt er aber, ich hätte nicht aussprechen sollen, was ich selbst nachträglich mißbillige, so sagt er, was wahr ist, und steht auf meiner Seite; denn er tadelt, was auch ich tadle, und ich brauchte es nicht zu tadeln, wenn ich es hätte aussprechen dürfen.

Indessen, ein jeder mag mein Unternehmen beurteilen, wie er will — ich mußte mir auch bei dieser Sache das apostolische Wort vorhalten: ‚Wenn wir uns selbst richten, werden wir vom Herrn nicht gerichtet.' Auch jene andere Schriftstelle: ‚Wo viele Worte sind, da geht es ohne Sünde nicht ab', setzt mich in großen Schrecken: nicht weil ich viel geschrieben habe oder auch weil viele meiner Reden, ohne daß ich sie diktiert habe, aufgezeichnet worden sind — ferne sei es, daß, was notwendig gesagt werden mußte, für Wortschwall gelte, mag es auch noch so ausführlich und breit gesagt worden sein — nein, mich schreckt jene Stelle der hl. Schrift deshalb, weil sich in meinen so zahlreichen Ausführungen zweifellos vieles findet, was, mag es auch nicht unrichtig sein, doch sicherlich als unnötig scheint oder gar als solches nachweisbar ist. Welchem seiner Gläubigen aber flößt Christus nicht Furcht ein, wenn er spricht: ‚Für jegliches unnütze Wort, welches ein Mensch gesprochen hat, muß er Rechenschaft geben am Tage des Gerichts?' Daher hat auch sein Apostel Jakobus gesagt: ‚Jeglicher Mensch sei schnell zum Hören, langsam aber zum Reden.' Und an einer andern Stelle: ‚unterwindet euch nicht, meine Brüder, zahlreich Lehrer zu werden, weil ihr euch dadurch ein um so größeres Gericht zuzieht; denn in vielen Stükken fehlen wir alle; wer aber in keinem Worte fehlt, der ist ein vollkommener Mann.' Ich maße mir eine solche

Vollkommenheit nicht einmal jetzt an, da ich bereits ein Greis bin, wieviel weniger damals, als ich in jugendlichen Jahren zu schreiben und öffentlich zu reden begann und man so große Stücke auf mich hielt, daß, wo nur immer öffentlich geredet werden mußte, ich, wenn ich zugegen war, fast nie schweigen und andern zuhören durfte. Das ‚Schnell zum Hören, langsam aber zum Reden‘ hat man mir nicht verstattet! Daher muß ich mich nun selbst richten vor dem e i n e n Lehrer, dessen Gericht über meine Verfehlungen ich zu entgehen wünsche. Das ‚zahlreich Lehrer werden‘ entsteht, so scheint es, aus den verschiedenen und sich widersprechenden Meinungen; wenn aber alle ein und dasselbe und das Wahre sagen, so bleiben sie bei dem Lehramt des e i n e n wahren Lehrers. Sie verfehlen sich — nicht wenn sie das Viele, das von ihm stammt, sagen —, sondern wenn sie das Ihre hinzufügen; denn so geraten sie aus den vielen Worten zu den falschen.

Ich schreibe das Folgende aber, um es in die Hände derer zu bringen, von denen ich das, was ich früher herausgegeben habe, nicht zurückfordern kann, um es zu verbessern. Dabei übergehe ich natürlich auch das nicht, was ich noch als Katechumene geschrieben habe, als ich zwar meine frühere irdische Hoffnung bereits hinter mir gelassen hatte, aber von dem täglichen Umgang mit den weltlichen Wissenschaften noch aufgeblasen war. Auch diese Schriften werden noch immer abgeschrieben und gelesen, und das mit Nutzen, wenn man etliche Ausführungen in ihnen verzeiht oder, wo nicht verzeiht, so doch dem Irrigen in ihnen nicht folgt. Mögen also alle die, welche diese Schriften lesen, mich nicht in meinen Irrtümern, sondern in meinen Fortschritten nachahmen! Daß und wie ich solche gemacht habe, davon wird sich, denke ich, überzeugen, wer meine Bücher in der Reihenfolge liest, in welcher sie verfaßt sind. Deshalb habe ich die Reihenfolge in diesem Werke nach besten Kräften ans Licht gestellt“ [3]).

Auf seine Fortschritte in der einen wahren Wissenschaft weist Augustinus hin. Die Fortschritte sind aber auch die vollkommeneren Wahrheiten, die besseren Er-

[3]) Retractat. Prolog. (I, 583 ff.).

kenntnisse, und diese sind an die Stelle dessen getreten, was früher Unvollkommenheiten, d. h. Unklarheiten, Unrichtigkeiten und Irrtümer waren. Diese Irrtümer machen Augustinus jetzt bang, da er als Lehrer dafür doppelt verantwortlich ist und einem strengen Gerichte entgegenzusehen hat. Dies zu vermeiden, ist er durch rechtzeitige Selbstverbesserung bemüht, bei der er auch vor den geringfügigsten Irrungen und dunklen Ausdrucksweisen nicht Halt macht. Das ist die Gesamthaltung und -Tendenz Augustins in den Retraktationen, wie er es anderen Orts ein wenig später nochmals hervorhebt [4]). Im besonderen aber ist es eine ganz bestimmte Ansicht, die ihm zu schaffen macht. Es ist sein Verhältnis zu Freiheit und Gnade und die Beziehung dieser beiden zueinander, das, wie sein ganzes Leben jener Zeit, so auch hier die Retraktationen erfüllt. Die Unvollkommenheiten seines früheren Glaubens liegen für ihn gerade auf diesem Gebiet, und er fühlt sich nun infolge besserer Einsicht zur Berichtigung verpflichtet. Gewiß will er auch hier Gottes Gericht möglichst zu seinen Gunsten gestalten (soweit es nach seiner Prädestinationsauffassung überhaupt noch zu gestalten ist!). Im Grunde aber regt sich vor allem das unruhige Gefühl, daß seine Gegner, die Pelagianer, gerade den alten gegen den neuen Augustinus auszuspielen versuchen, daß sie in seinen früheren Werken Stellen gefunden zu haben glauben, womit sie ihn an seinen eigenen Aussprüchen überführen könnten. Nichts wird deshalb in den beiden Büchern eingehender behandelt als das Gnaden- und Freiheitsproblem, und es wird den Pelagianern immer wieder vorgehalten, daß sie keineswegs ein Recht hätten, Mißbrauch mit seinen früheren Ausführungen zu treiben. Doch seine Entschuldigungen und Erklärungen können nicht voll überzeugen. Äußerlich mag mancher sich damit beruhigen und damit zufrieden geben können, innerlich wird jedem Leser ein Rest bleiben, von dem er mit Unbehagen empfindet, daß er nicht geklärt ist, daß Augustinus sich vergebens bemüht durch rhetorische Gewandtheit tatsächlich vorhandene Differenzen auszugleichen. Nicht ganz ohne Recht sagt deshalb v. Harnack, daß jene „sophistischen Defensionen",

[4]) De don. persev. 21, 55 (X. 1028).

die damals als erlaubt galten, heute für nicht aufrichtig gehalten werden [5]).

Die Retraktationen selbst sind der sicherste Beweis dafür, daß Augustin seine Rechtfertigung nicht den ehemaligen und späteren Werken an sich überlassen zu können glaubte, sondern daß er zum mindesten ein großes inneres Bedürfnis zur Rechtfertigung hatte. Wer sich aber rechtfertigen muß, fühlt, daß etwas nicht in Ordnung ist. Auch dieses späte Werk des großen Meisters ist, wie die Konfessionen, aus einer starken Affektivität geschrieben. Mit ihm hat sich Augustin einen Druck vom Herzen geschafft. Es gestattete ihm, von jetzt ab ruhig auf dem begonnenen Wege voran zu schreiten, ohne den am Ausschreiten hindernden Ballast einer vielleicht nicht ganz einwandfreien Vergangenheit (nach seiner Ansicht natürlich!) an den Füßen zu spüren.

In dem angezogenen Briefe an Marcellinus [6]) erklärte Augustin, daß er wegen einer Stelle seines Werkes „De libero arbitrio" angegangen worden sei, und er meint, daß er wohl manches unrichtig dargestellt habe. Er gehöre nicht zu denen, die kein Wort, das sie geschrieben hätten, zurückzunehmen brauchten oder zurückzunehmen sich scheuten. Neben dem aufrichtigen Zugeständnis einer allgemeinen Korrekturbedürftigkeit fällt in diesem Brief vor allem das glatte Eingeständnis der Anfechtbarkeit mancher seiner Ausführungen angenehm auf. Hier war es auch noch nicht das Gnadenproblem, das ihm eine Aufzeichnung von Retraktationen erwünscht erscheinen ließ. Es war damals vielmehr noch der Gedanke einer Verbesserung schlechthin auf Grund seiner ängstlichen, sensitiven Charakteranlage. Die Ausführung des Planes wurde, wie gesagt, hinausgeschoben oder aufgegeben. Erst als der pelagianische Streit zu voller Heftigkeit entbrannt war und einen gewaltigen Umfang und ein bedrohliches Ausmaß für die Sache und die Kämpfenden angenommen hatte, als Augustin daran ging, Konsequenzen zu ziehen, denen seine früheren Schriften in den Augen seiner Gegner wenigstens, wenn auch vielleicht nur formal, im Wege standen, da trieb es ihn unwiderstehlich zur Niederschrift der Retraktationen, die damit nicht nur

[5]) v. Harnack, Dogm. Gesch. 3, u. 1905, S. 1116.
[6]) Ep. 143, 2f. (II, 586f.).

eine verbesserte Neuauflage und Durchsicht seiner Werke darstellten, sondern vor allem eine Rechtfertigung seiner Gnadenlehre mit dem Hinweis darauf, daß eine grundlegende Verschiebung nicht eingetreten sei, daß er früher schon das Nämliche gesagt oder wenigstens gedacht habe.

Das Haupt- und Leitmotiv für die Retraktationen haben wir somit entwickelt. Es ließ sich leicht einem allgemeinen großen Plane einer Generalrevision unterordnen, wodurch zugleich der Vorteil gewonnen war, auf die Korrektur in der Beziehung: Gnade — freier Wille, nicht gar zu offen wie auf eine beabsichtigte die neugierigen Augen und streitlustigen Gemüter besonders der Pelagianer und Semipelagianer lenken zu müssen. Eine solche Generalrevision war bei geschickter rhetorischer Einleitung und Einführung eine zwar immer noch seltene, doch dann wenigstens einleuchtende und harmlose Selbstverständlichkeit. Uns kommt es vor allem darauf an, daß wir aus diesem Verhalten Augustins ein starkes Bedürfnis zur Rechtfertigung und ängstlichen Selbstberichtigung auf dem Boden einer erhöhten Ichbeziehung herauslesen dürfen. Scheinbar und willensmäßig tritt uns ein „nicht ich", in Wirklichkeit aber und gefühlsmäßig Ichverstärkung in der Negation und durch die Negation entgegen.

Augustinus ist mit kritischer Feder zu Werke gegangen, nicht ohne sich manchmal von Übertreibungen und Kleinlichkeiten frei zu halten. Zur Erläuterung führe ich von mehreren Stellen nur eine als Beispiel an. Augustinus hatte einmal[7]) zur Belebung seiner Darstellungen auch die Mistkäfer und ihre Naturgeschichte erwähnt und dabei die Behauptung aufgestellt, daß wohl niemand daran zweifle, daß diese Mistkäfer aus dem Miste entständen, der von ihnen zu einem Kügelchen geformt und dann zugedeckt sei. In den Retraktationen[8]) fühlt er sich nun zu der Erklärung verpflichtet, daß es doch eine ganze Anzahl von Menschen gäbe, die das bestritten, und viele auch, die davon überhaupt noch nichts gehört hätten. Mehr kann man an schriftstellerischer Gewissenhaftigkeit gewiß nicht verlangen!

---

[7]) De mor. Manich. 17, 63 (I, 1372).

[8]) Retract. 1. 7, 6 (I, 594).

Im einzelnen brauchen wir nicht näher auf die Retraktationen einzugehen. Äußerlich könnten sie als eine Fortsetzung der Konfessionen gelten, wo Augustinus hier über sein Leben und dort über sein Wirken als katholischer Laie, Priester und Bischof in Briefen, Büchern und Predigten berichtet. Innerlich sind sie aber weit voneinander getrennt, da sie einer ganz anderen Motivierung entspringen, wenn auch die Gnade in beiden Fällen Hauptgegenstand der Abhandlungen ist. Nur das eine haben sie gemeinsam, daß sie nämlich aus einer starken Affektivität geboren wurden und damit persönliche Werke geworden sind.

3. Die übrigen Werke.

Die Riesenzahl der übrigen Werke des Heiligen hat für das Ziel unserer Arbeit weniger Bedeutung. Ihr Schwergewicht liegt ganz ausschließlich auf theologischem Gebiet. Persönliche Notizen und Ausführungen, aus denen wir besondere Schlüsse auf das seelische Leben Augustins ziehen dürften, sind selten und bestätigen im allgemeinen nur, was wir aus den vorhergenannten Büchern schon wußten. Selbst seine Briefe, die uns doch sonst am ehesten den Menschen nahezubringen geeignet sind, lassen uns fast völlig im Stich. Augustin kennt so sehr nur seine hohen Ideale und beachtet sich dementsprechend selbst so wenig, daß er sich auch hier fast nur in moralisch-dogmatischen Abhandlungen ergeht. Gewiß würden wir manche Einzelheiten und charakteristische Züge seines Wesens dort noch finden, aber ihre Darstellung gehört in eine deskriptive Psychologie. Unsere Aufgabe kann es daher nur noch sein, über diese Werke, die zahlreiche, stattliche Bände füllen, uns zusammenfassend zu unterrichten. Nehmen wir die Konfessionen und Retraktationen aus dieser Betrachtung heraus, so gliedern sich die Werke Augustins ganz ungezwungen und bilden ein naturgetreues Spiegelbild seiner seelischen Entwicklung. In den Retraktationen teilt bekanntlich Augustin seine Werke nur nach rein formalen Gesichtspunkten in Bücher, Briefe und Predigten, die er als Laie, Priester und Bischof schrieb. Inhaltlich aber können wir charakteristische Perioden in seiner allgemeinen Ausbildung in der katholischen Lehre, seiner Stellung zu seinen alten Freunden, den Manichäern, seinen nachbarlichen Gegnern, den Donatisten, sowie seiner für die Kirche und Nachwelt bedeutungsvollsten Stellungnahme, nämlich der gegen die Pelagianer, unterscheiden, der sich zum Schlusse noch der ähnlich gerichtete Kampf gegen die Semipelagianer zugesellte, dessen Beendigung er zwar nicht mehr erleben sollte, obwohl er hierzu die Waffen geliefert hatte. Überdies können wir durch die ganze Lebensarbeit hindurch eine Entwicklung Augustins in den verschiedenen Fragen verfolgen: Das Vorherrschen des neuplatonischen Denkens innerhalb katholischer Weltanschauung bis zum absoluten Dominieren christlicher Denkweise, die Zunahme gefühlsbetonter Religiosität (Abnahme im Alter?), die Verschiebung des Schwergewichts vom freien Willen auf die Gnade und die allmählich sich vertiefende Erkenntnis der Erlösungstat Christi. Alle diese Inhalte sind zwar nicht scharf gegeneinander abgesetzt, zeigen aber doch einen ständigen Fluß in der Entwicklung des Heiligen.

Seine Forschungsweise ist wie üblich ein Zurückgreifen auf das geoffenbarte Wort Gottes. Die Bibel beherrscht Augustinus sehr bald nach seiner Bekehrung meisterlich, und staunenswert ist die Arbeit, die sein Gedächtnis in seinem Alter noch zu bewältigen vermochte. Dem Sinn nach hatte er ihren Inhalt verstehen und lieben gelernt, und so ist es denn auch nicht auffallend, daß er sie in der gleichen Art in seinen Darlegungen verwertete. Die Auslegung nach dem Litteralsinn machte ihm Schwierigkeiten, wie er selbst versichert, und er hat sich deshalb hier große Beschränkung auferlegt. Das rhetorische Element in ihm war doch zu stark.

Neben seiner hauptsächlich exegetischen Tätigkeit hat er sich auch einige Male zur Ausgabe geschlossener Werke bestimmen lassen. Am bekanntesten ist sein berühmtes Buch vom Gottesstaat, das die Summe seines theologischen Wissens ist, wie man im Hinblick auf ein bekanntes Werk vergleichend sagen könnte. Dahin rechnen auch seine Bücher über die Trinität sowie ein kleines Handbuch, in dem er eine Einführung in die katholische Lehre gibt.

In allen Werken aber ahnt und fühlt man neben der sachlichen Abhandlung die Größe des persönlichen Verhältnisses Augustins zu seinen Darstellungen.

Die letzten Werke seines Lebens drehen sich ausschließlich um das Gnadenproblem. Trotz ihrer Zahl und ihres Umfanges erfüllen sie unsere Erwartungen nicht völlig. Die stereotypen Wendungen nehmen beträchtlich zu; Augustin wird nicht müde, ein und denselben Gedanken oft sogar in gleichem Wortlaut vorzuführen. Besonders vermißt man manchmal eine klare und eindeutige Stellungnahme; wir müssen es des öftern bedauern, daß er plötzlich mit einer eleganten Wendung an ein nur lose verbundenes Bibelwort anknüpft und zu anderen Besprechungen überleitet, wo der Leser ein tieferes Eindringen oder wenigstens ein Fortspinnen des Gedankenganges erwartet. Dazu verfällt er nur gar zu oft und zu leicht in seinen wissenschaftlichen Abhandlungen in den hier störenden Predigtstil[1]).

---

[1]) Vgl. Mausbach, S. 31: „in wissenschaftlichen Schriften verfällt er wohl unnötiger, abschweifender Redseligkeit, bisweilen einem an Sophistik und Eigensinn streifenden Raisonnement".

III.

Augustins Persönlichkeit und ihr Verhältnis zu seiner Tätigkeit und Lehre.

Außer der Geschichte der Persönlichkeit und ihrem Werke wird uns den wesentlichsten Aufschluß für unsere Fragestellung das persönliche Verhältnis Augustins zu den verschiedenen Inhalten seines Denkens und seiner Lehre geben. Das ist durch die Tatsache erklärlich, daß Augustins Denkarbeit in besonders hohem Maße affektbetont ist. Es ist wahrscheinlich, daß jede Denktätigkeit, wenn sie Zwecken und Zielen zugewandt ist, affektgetragen sein muß. Die Gefühlsbindung kann aber sehr gering und schwach sein, so daß für den Außenstehenden davon nicht mehr viel zu bemerken ist. Die gewohnheitsmäßige Beschäftigung tut dann das Ihrige zu einer gehörigen Abstumpfung bei d e n Menschen, die überhaupt nur über eine geringe Breite und Tiefe affektiver Möglichkeiten verfügen. Wer die bisherigen Ausführungen über Augustins seelisches Erleben gelesen hat, weiß, daß wir bei ihm gerade das Gegenteil finden: Hohe affektive Spannung bei Einstellung auf ganz bestimmte, nicht sehr zahlreiche und eng zusammengehörige Probleme ist ihm eigen. Schon als Knabe gab er eine Probe seelischer Ausdrucksfähigkeit, die uns auch Schlüsse auf die vorhandene Affektstärke ziehen lassen [1]). Später nimmt er verschiedentlich gegen das Bestreben der Stoiker nach „Apathie", nach Affektlosigkeit, Stellung [2]). Er begründet selbst auch die Notwendigkeit des Glaubenseifers, „mit dem die Brust mächtig entflammt" werden muß, um in der Lehre vorwärtszukommen [3]). Es ist deshalb unerläßlich, daß wir uns auch diesen neuen Beziehungen zuwenden.

---

[1]) Conf. 1, 17.

[2]) De civit. Dei 14, 9 (VII, 413ff.) u. tract. in ev. Joh. 60, 3 (III, 1798).

[3]) Enchirid. 6 (VI, 234).

Nun wurde ja auch die Lehre Augustins bisher schon öfter erwähnt. Doch kam es uns damals nur auf die Feststellung der Tatsache selbst im Werden Augustins an, so legen wir hier auf seine innere Einstellung, sein Verhältnis zu diesen Tatsachen das Hauptgewicht. Der Inhalt der Lehre an sich, d. h. ihre philosophisch-theologische Beurteilung bleibt für uns außer Betracht.

1. Allgemeine Gesichtspunkte.

Als Sohn eines freien Bürgers eines römischen Municipiums war Augustin von vornherein schon eine bestimmte Richtung seiner Entwicklung vorgeschrieben. Die handwerklichen Arbeiten kamen für ihn nicht in Frage, da sie den Unfreien oblagen. Auch seiner Stellung als Beamter der Gemeinde war Patricius Rücksicht schuldig. So war es denn Selbstverständlichkeit, daß man Augustin auf eine Schule brachte, die den Knaben mit den wichtigsten Lehrgegenständen vertraut machen sollte. Trotz anfänglichen Sträubens und widerwilliger Einstellung Augustins hat sich dann doch bald gezeigt, daß seinen Fähigkeiten und seiner Neigung durch dieses zwangsläufige Geschehen nicht Gewalt angetan war. Das schwere Opfer, das der in bescheidenen Verhältnissen lebende, aber um das Fortkommen seines Sohnes sehr ehrgeizig bemühte Vater [1]) für die weitere geistige Ausbildung seines Sohnes brachte, war der Anlage Augustins entsprechend und hat sich durch den Erfolg reichlich belohnt gemacht. Wir sind überzeugt, daß auch bei anderer Gestaltung der äußeren Verhältnisse Augustinus stets zur Beschäftigung mit geistigen Dingen gekommen wäre. Die Befähigung dazu ist ohne weiteres zuzugeben; wichtiger ist, daß der Drang und innere Trieb hierzu durch das ganze Leben Augustins so deutlich zutage tritt, daß wir ihn uns bei anderer Beschäftigung überhaupt nicht vorstellen können.

Die Eltern hatten den Knaben Rhetor werden lassen wollen. Das war der Weg, auf dem er am ehesten die Möglichkeiten erschöpfen konnte, die ihn das Höchste erreichen ließen, was seinem Herkommen, Können und Vermögen erreichbar war. Augustinus hat dadurch auch

[1]) Conf. 2, 3.

zweifellos Erfolge gehabt. Durch Beziehungen, rednerische Begabung und Tüchtigkeit bekam er vor allem die sehr angesehene Stelle eines öffentlichen Lehrers in Mailand. Während er nun auch bis zu seinem 32. Jahre seinen Beruf ausübte, setzten doch schon sehr früh Bestrebungen ein, die seinem ganzen Sinnen und Trachten eine andere Richtung wiesen. Schon in seinen Studienjahren begann bekanntlich diese Wandlung, plötzlich ausgelöst durch die Lektüre des Hortensius von Cicero, und seither blieb Augustin metaphysischen Problemen zugewandt und hatte auch nur den einen Wunsch, sich ihnen ganz widmen zu können. Seine Berufstätigkeit war ihm innerlich eine Qual, und er sah in ihr nur mehr das Mittel weiterzukommen, da er noch ehrgeizige Ziele erstrebte, und dann auch seinen Unterhalt zu bestreiten. Aus diesen Gründen konnte ihm natürlich eine Berufsaufgabe nicht gerade leicht fallen, ganz abgesehen davon, daß er auch Rücksicht auf seine Freunde nehmen mußte. Aber wir können uns vorstellen, wie er aufgeatmet haben mag, als er, aus anderen Gründen auf diese Welt und ihre Freuden verzichtend, nun auch einen gültigen Vorwand hatte, dieses „lästige Geschäft“ [2]) abzuschütteln, das seiner Natur zuwider war. Den Zwang, sich auch mit einer Beschäftigung abgeben zu müssen, die seinen Neigungen nicht entsprach, hat er nur sehr schwer ertragen. Er litt in Karthago und Rom schon darunter und hatte es dann in Mailand endgültig erreicht, daß er sich nur noch philosophischen Fragen zuwenden durfte, denen schon vorher seine ganze Aufmerksamkeit und Liebe galt. Natürlich darf die Berufsaufgabe nicht aufgefaßt werden, als wären mangelnde Leistungen oder das Gefühl der Leistungsunfähigkeit mit schuld daran gewesen. Davon kann gar keine Rede sein. Wir hörten schon, daß neben Beziehungen seine rednerischen Fähigkeiten ihn nach Mailand brachten, wir kennen seine Redekunst auch recht gut aus seinen Werken, in denen er ihr manchmal die Zügel schießen läßt. Ein edles Ausdrucksmittel seines Gefühls ist sie in den Konfessionen. Hier empfand er auch jede unechte „declamatio“ als störend, wie wir aus den Retraktationen wissen [3]).

[2]) Conf. 9, 2.
[3]) Retract. 2, 6, 2 (I, 632).

Mit der Feststellung des Dranges zum Metaphysischen in Augustin haben wir aber noch nicht den ganzen Umfang seiner anlagemäßigen Denkweise erfaßt. Wir hatten bisher schon oft Gelegenheit, von den affektbetonten Vorstellungen Augustins zu sprechen. Und hierin besteht in der Tat eine hochbedeutsame Eigenheit seines Wesens, die sich in den meisten seiner Werke mehr oder minder nachweisen läßt. Sie muß besonders jedem Leser klar geworden sein, der die Konfessionen mit Bedacht durchgelesen hat. Alle seine Denkinhalte haben eine stark gefühlsgetragene Beziehung zu ihm selbst. Es ist wie ein ewiger Kreislauf; von ihm geht es aus, zu ihm kehrt es zu neuer Wirkung zurück. Eine nüchterne philosophische Betrachtung, ohne daß das Thema in nachweisbar engem Verhältnis zu ihm selbst steht, kann es bei Augustin auf die Dauer nicht geben. Für ihn ist alle Forschung persönliche Forschung und jedes Ergebnis persönliches Ergebnis. Es ist eine ständige wechselseitige Befruchtung des Gedankens durch die persönliche Art und des Persönlichen durch die so erfaßten Wahrheiten. Daß aber seine Vorstellungen so gefühlsgebunden sind, liegt an der starken Gefühlsspannung Augustins überhaupt. Menschen mit solch starkem Affekt können ihn im allgemeinen nicht willkürlich unterdrücken. Er heftet sich von selbst an jede Vorstellung, die von ihnen ausgeht, wie auch an jene Gedanken, die von andern an sie herangetragen werden. Sie sind deshalb die Menschen besonders leichter und intensiver Reaktion sowie der unbewußten hypertrophen Ichbeziehung. Trifft diese Spannung eine zarte Konstitution, den asthenischen Menschen, dann führt das zu den sensitiven Reaktionen, während die Kraftnaturen, die Sthenischen, leicht in expansiver Weise antworten, entsprechend dem verminderten beziehungsweise erhöhten Ichgefühl dieser beiden gegensätzlichen Veranlagungen [4]).

Augustinus hat mit beiden Konstitutionstypen eine sehr wichtige Eigenschaft gemein, die in einer ausgesprochenen Neigung zur Wertung besteht. Da alles persönliche Färbung erhält, setzt sich ein solcher Mensch gerne mit allen diesen Dingen auseinander, indem er sie zu sich

[4]) Um Irrtümer zu vermeiden, sei hier betont, daß diese aus dem psychopathologischen Begriffsschatz entnommenen Termini sich nur auf gesundes Seelenleben beziehen sollen.

in Beziehung bringt. Er sucht sie zu normieren, zu werten. Schon die erste Arbeit des Heiligen „De pulchro et apto“ zeigt deutlich diese Neigung zur werthaften philosophischen Forschung. Auch alle seine Fragestellungen von Anbeginn seiner philosophischen Denktätigkeit an weisen dieselbe auf. Daß er an sie sein ganzes Leben gebunden blieb, zeigt, daß sie zu seinem Wesen gehörte. Das Bedürfnis, Klarheit zu bekommen, ein bestimmtes Wertsystem, das ihn ausfüllte und seinem Denken den ruhenden Pol gab, aufzufinden, das war es, was seinem Wahrheitssuchen den hohen Schwung und die vitale Kraft gab. Es war ihm nicht um ein bestimmtes Problem an sich zu tun, wenn ihn ein solches vielleicht auch vorübergehend beschäftigte und fesselte. Es konnte ihm deshalb auch nie zur Lebensaufgabe werden, wie er auch keine Muße zur Beschäftigung mit ihm hätte finden können. Er hatte es eilig, er mußte die Zeit seines Erdenlebens ausnützen, sollte sie fruchtbringend angewandt sein und ihm ein System schenken, das sein Denken und Fühlen in gleicher Weise befriedigte. Dieses Streben war zutiefst in seiner Natur begründet. Die Anregungen, die Cicero in dieser Hinsicht dem jungen Manne gab, hätten für sich allein nicht genügt, ihn so von Grund aus aufzuwühlen und für immer in diese Richtung zu weisen. Nun war ja allerdings in jener Zeit diese Art philosophischer Spekulationen besonders beliebt, und wie vorher in Rom[5]) ergingen sich wohl auch in den Provinzen des Reiches die geistigen Größen besonders gern in Betrachtungen über ethische und ästhetische Fragen, um so mehr deshalb, weil es für den damaligen Heiden höchste Normen autoritativer Art nicht gab, nach denen der Menschengeist nun einmal Verlangen trägt. Und auch das Christentum, das in seiner Lehre äußerst reichlich wertende Tendenzen aufwies, kam dieser Anlage nur entgegen. Daß es solche Blüten in Augustinus treiben konnte und ihn so völlig fesseln, ausfüllen und befriedigen sollte, hatte darin mit seinen Grund, daß es die Voraussetzungen erfüllte, die Augustin seiner Anlage entsprechend machen mußte: daß es ihm Werte gab.

Von hier brauchen wir nur einen Schritt zu tun, um eine weitere Eigenschaft Augustinischen Forschens zu

[5]) Vgl. Birt, 1911, S. 154 u. 157.

ergründen. Ich meine sein starkes religiöses Bedürfnis. Ein totes Wertsystem wäre für sein Verlangen keine volle Befriedigung gewesen. Seine Fragestellung ist vielmehr: In welchem Verhältnis stehe ich zum Leben und zur Welt und zu dem, was nach mir ist? Seine Person verlangte nach einem absoluten Gegenpol, den sie in Gott erhielt und dem sie als persönlichem Gott auch über den Tod hinaus am verständlichsten verbunden war[6]). „Aber auch über das, was die Philosophen Wahres hierüber (über Gott und die Schöpfung) zu sagen wissen, habe ich hinausgehen müssen aus Liebe zu Dir, höchster, bester Vater, Schönheit über alle Schönheiten! O Wahrheit, Wahrheit, wie innig seufzte schon damals das Mark meiner Seele nach Dir, während jene nur immer vielerlei von Dir schwatzten mit Worten und in vielen dickleibigen Büchern!“ [7]) Dieser Ausruf zeigt besser, als viele Worte es könnten, seine Abneigung vor reiner Forschung und sein Bedürfnis nach persönlichem Verhältnis zu Gott, nach religiöser Verbundenheit mit einem persönlichen höchsten Wesen.

Während nun die bisherigen Eigenschaften Augustins sicher primäre Anlagecharaktere der menschlichen Natur sind, ist das bei der Religiosität nicht ohne weiteres klar. Wir sind heute nicht im Zweifel darüber, daß den meisten Menschen unserer Zeit ein religiöses Bedürfnis eignet, wie es auch bei den Primitiven wesensnotwendig erscheint. Ob wir das ohne weiteres aber auch bei Kulturmenschen aus einer anderen Zeit und aus einer anderen geistigen Umwelt in dem gleichen Umfange annehmen dürfen, wage ich nicht sicher zu sagen und will ich hier auch nicht untersuchen. Vielleicht zeigt sich unter dem traditionellen Einfluß philosophischer Lehren, die auf einen persönlichen Gott und auf ein jenseitiges Leben keine Rücksicht nehmen, bei breiten Schichten der Intelligenz ein ständig geringer werdendes unmittelbares — man könnte sagen ursprüngliches, natives — religiöses Verlangen, ebenso wie eine derartige durch Generationen vertretene affektive Einstellung es mehr oder weniger bei allen Menschen

[6]) Est enim religio vera, qua se uni deo anima, unde se peccato velut abruperat, reconciliatione religat. De quantit. anim. 36, 80 (I, 1080).

[7]) Conf. 3, 6 (gesperrt vom Verfasser).

voraussetzen läßt. Ich möchte damit sagen, daß ich nicht sicher behaupten kann, ob allgemein eine religiöse Veranlagung im dargelegten Sinne bei der Mehrzahl aller Menschen damals gegen das Ende des römischen Imperiums vorausgesetzt werden darf. Dürfen wir es, dann brauchen wir nur hervorzuheben, daß diese Anlage bei Augustin besonders stark entwickelt war. Dürfen wir es aber nicht, dann ist das eine Eigenschaft, die ihm entweder durch äußere Umstände beigebracht wurde und so seine Persönlichkeit sekundär änderte, oder aber es ist doch eine primäre Eigenheit seiner Anlage, so daß wir dann einen besonderen Entstehungsmechanismus bei ihm voraussetzen müssen.

Infolge der in christlichem Sinne geleiteten Erziehung Augustins durch seine Mutter Monnika, die selbst schon aus gut christlichem Hause stammte [8]), kam er natürlich schon in sehr frühem Alter mit den Fragen über Gott und Jenseits in Berührung [9]). Der Einfluß war so groß, daß er bei einer heftigen Erkrankung in diesem Alter selbst das Verlangen nach der Taufe hatte [10]); selbstverständlich mußte es ferner auf ihn, wie Naville hervorhebt [11]), einen tiefen Einfluß ausüben, daß er seinen heidnischen Vater kurz vor dessen Tode die Taufe empfangen und Christ werden sah. Trotzdem aber glaube ich nicht, daß die Erziehung allein einen solch nachhaltigen Eindruck auf das allerdings empfängliche Gemüt des jungen Menschen gemacht hätte. Gewiß haben Reminiszenzen an diese ersten Eindrücke sich gelegentlich der Hortensiuslektüre wieder bemerkbar gemacht, aber ob sie wohl allein zu dieser tiefgreifenden Wandlung hingereicht hätten, erscheint mir zweifelhaft. Ebenso ist kaum anzunehmen, daß sie noch so mächtig gewesen wären, dem am Ende des dritten Dezenniums stehenden Verlegenheitsskeptiker, der in seinen Manichäerlehrjahren jedes anerzogene religiöse Erleben gründlich in sich erstickt haben mußte, den starken Trieb und die mächtige Stoßkraft zu geben, um zu der tiefgreifenden Umstellung seines späteren Lebens zu kommen. Gerade die dort erst wieder offenbar werdende Reli-

[8]) Conf. 9, 8.

[9]) ib. 1, 11.

[10]) ib.

[11]) Naville, 1872, S. 12.

gionsbedürftigkeit [12]) war es ja, die ihn — wenn auch unbewußt — ständig weiter getrieben hatte, die gleich nach der Bekehrung in dem innigen Gebet der „Selbstgespräche" sich endlich Luft schaffen konnte und ihren äußeren Ausdruck fand. Eine solche Kraft muß naturgegebenes Eigentum sein, mag durch sekundären Erwerb wohl befördert, aber niemals begründet erscheinen. Es ist mir daher nicht zweifelhaft, daß bei Augustinus wenigstens neben der religiösen Erziehung die religiöse Veranlagung von höchster Bedeutung war. Diese liegt in der ganz bestimmten Richtung, in die er hierdurch gedrängt wurde. Sie veranlaßte ihn — den scheinbar Gottlosen — nach der seelischen Auffrischung durch den Hortensius zu der Religionsgemeinschaft der Manichäer zu gehen. Wenn er nur metaphysische Fragen klären wollte, hätte er sich ebensogut einem Philosophen anschließen oder eigene Wege gehen können. Genau so ist es mit seinem Verhalten im Triebleben. Er braucht Normierung und eine höchste Norm, die absolut bindend war. Er wollte endgültige Entscheidung und Klarheit. Sein Denken drang auf Abschluß und Abrundung, auf organische Einfügung des Einzelnen in das All. Der Skeptizismus, dem er sich einige Zeit hingab, war deshalb nur Maske. Er war seinem ganzen Wesen gänzlich fremd, und die Extreme haben sich hier nur einen Augenblick berührt. Die innere Unechtheit seines Skeptizismus zeigt deutlich das Bedürfnis, sofort gegen ihn in der Schrift „Gegen die Akademiker" Stellung zu nehmen, als er einen positiven Boden gewonnen hatte. Sein religiöses Bedürfnis trieb ihn zur Bekehrung und zwang ihn, einen großen Sprung zu tun, um sich von nüchterner Kritik zu mysterienfrohem Glauben aufzuschwingen. Daß es echt und in der Natur tief begründet war, beweist dann endlich, daß er dem katholischen Glauben bis an sein Ende treu blieb und in ihm seine Erfüllung und Befriedigung fand, so vollständig fand, daß er, der sonst für reinen Tisch so bedachte Gelehrte, sich bewußt mit unkonsequentem Vorgehen abfand (absolute Prädestination und gute Werke; s. später).

Von diesem Gesichtspunkt aus brauchen wir seine

[12]) Restabat autem nihil aliud in tantis periculis, quam ut divinam providentiam lacrimosis et miserabilibus vocibus, ut opem mihi daret, deprecarer. De util. credend. 8, 20 (VIII, 79).

Stellung unter die Autorität der Kirche nicht als ein Opfer zu betrachten. Da Augustin aus sich selbst nicht die richtige Einordnung in das Weltgeschehen und das dahinterstehende Sein fand, zwang ihn sein religiöses Bedürfnis zur Selbsterkenntnis und Selbstbeschränkung. Dieser Zwang war so elementar, daß er, um Ruhe zu bekommen, gründlich vorgehen mußte. Der Glaube trat an die Stelle der ratio und die auctoritas — Schrift und Tradition — an die der Eigenregie, der eigenen Zielsetzung, des selbständigen Urteils, kurz der kritisch-empirischen Forschung. Die Tendenz seiner Wertphilosophie zur religiösen Gestaltung war sieghaft durchgedrungen und befriedigt. Anfangs besteht zwar noch der Wille zur rationellen Forschung im Rahmen des autoritativ Gegebenen. Bald tritt auch dies mehr und mehr zurück und macht der Selbstbescheidung des wahrhaft frommen und demütigen Menschen vor den Geheimnissen der Religion Platz. Da aber die Natur Augustins auf Arbeit, auf rastlose Beschäftigung des Geistes angelegt und das Ziel erreicht ist, muß dieser Betätigungsdrang sich anderweitig auswirken. Als Nachfolger der Apostel hat er im Lehramte ein adäquates Arbeitsfeld gefunden. In glücklicher Weise kann er hier sein religiöses Bedürfnis, seine neue kirchliche Einstellung mit seinen rednerischen Fähigkeiten verbinden. Das gelingt ihm überraschend bald; der Philosoph und der Theologe, der kritische Forscher und der Prediger haben sich schnell und gründlich abgelöst. Es bleibt uns nur noch übrig, auch über die Art seiner Produktion ein Wort zu sagen. Wie wir wissen, sind seine späteren Abhandlungen, soweit sie nicht reine Predigten und exegetische Studien im Predigtstil darstellen, der direkte Ausfluß seiner Reaktion auf besondere Gegebenheiten. Was würden wir wohl überkommen haben, wenn Augustin nicht gegen die von außen an ihn herantretenden Irrlehren Manis, der donatistischen Schismatiker und ganz besonders der ihn persönlich so empfindlich verletzenden Pelagianer und Semipelagianer hätte ankämpfen müssen? Seine Lebensarbeit ist Gelegenheitsarbeit, wodurch ihr Wert natürlich keineswegs berührt wird, ist Arbeit des Menschen Augustinus als Reaktion auf die Umwelt und auf das Erlebnis unter Gebundenheit an die persönlichen Erfahrungen. In diesem Sinne möchte ich von einer sekundären Produktivität des Heiligen sprechen. Selbst der „Gottesstaat" ist das Ergebnis seiner inneren Verarbeitung der Eroberung Roms durch die Scharen des Alarich [13]). Das ist Erfordernis seiner Natur, und wir dürfen überzeugt sein, daß er nur hierdurch zu großen Leistungen befähigt war, nachdem einmal durch Übertritt zu einer Religionsgemeinschaft eine innere Spannung gelöst war, die, solange sie nicht befriedigt war, genügend Triebkraft zur ursprünglichen Leistung in sich geborgen hätte.

2. Die persönliche Bedingtheit der Lehre Augustins.

Einige Grundeigenschaften, die besonderen Einfluß auf die psychische Entwicklungsgeschichte Augustins hatten, haben wir inzwischen hervorgehoben. Sie betreffen hauptsächlich seine Einstellung zu geistigen Problemen überhaupt. Neue Einsichten werden sich uns erschließen, wenn wir den einzelnen Hauptgegenständen Augustinischer Betrachtung und Forschung unser Augenmerk zuwenden. Indem wir sie in Beziehung zu seinem Wesen zu setzen und uns verständlich zu machen versuchen, dringen wir zugleich tiefer in das seelische Leben des Heiligen ein.

Wenn wir die Probleme, die Augustin immer und überall beschäftigten, auf eine einfache Formel bringen wollen, so wird uns das unschwer möglich, und wir stellen dann fest, daß wir durchgehends eine bipolare Einstellung nachweisen können. Auf der einen Seite Gott, als Antipode der Mensch; geben wir dem Ganzen den tieferen Sinn, die persönliche Note, ohne die Augustinisches Denken und Schaffen unmöglich ist, so haben wir den einfachen Gegensatz: Augustinus und sein Gott.

Die Einteilung ergibt sich dadurch von selbst. Hier Gott und die von ihm abhängigen Begriffe Welt, Jenseits und Gnade, dort aber der Mensch als Schöpfer der bösen und der guten Werke durch freien Willen. Hier mag es genügen, das entscheidende Begriffspaar herauszuheben. Selbstverständlich gilt auch für das Folgende, daß nur der psychologische Gehalt der Lehre, nicht aber ihr Wahrheitsgehalt an sich uns angeht.

---

[13]) Retract. 2, 43, 1 (I, 647).

a) Die Lehre vom Schöpfer.

Es ist nicht verwunderlich, daß das Gottesproblem das Zentralproblem im Denken Augustins darstellt [1]), da wir sahen, daß seine Religiosität, das Verlangen nach Verbundensein mit einem persönlichen Gotte, Anlagegut in ihm war und dazu noch durch eine sorgfältige Erziehung geweckt und gefördert wurde. An die Existenz eines persönlichen Gottes wie an die eines Jenseits, eines Lebens nach dem Tode, hat Augustinus von Jugend an geglaubt. In der ersten Zeit beschwerte ihn aber der Gottesglaube nicht sonderlich, und erst durch die Cicerolektüre wurde der bis dahin latente Komplex aktiviert und führte zu der großen inneren Erneuerung, die mehr durch den gefühlsmäßigen starken Anlauf als durch den Erfolg auffällt. Nur vorübergehend vermag die skeptische Einstellung des gereiften Mannes, mit der er ja nur eine Vogelstraußpolitik betrieb, eine Kulisse vorzuschieben, die neuplatonische Forschungen und Schriftstudium alsbald wieder zurückzogen. Wir haben keinen Beweis dafür, daß dieses Problem ihm je gefühlsmäßig ernste Schwierigkeiten gemacht hat, wie wir das von einem anderen Komplex, dem Böseproblem, noch sehen werden. Auch die Wandlung, die er in seiner gedanklichen Erfassung und Bearbeitung durchmachen mußte, ist nicht von besonderer Bedeutung für uns. Nur eines soll hier herausgehoben werden. Nach Überwindung der materialistischen Auffassung vom Wesen Gottes kam er in schrittweisem Vorwärtsdringen zu einem philosophisch tief erfaßten Gottesbegriff. Welche Schwierigkeiten Augustin dabei zu bewältigen hatte, kann sich nur der vorstellen, der sich ein Bild von der Mühe machen kann, die es ihn kostete, bis er das bei ihm so sehr im Vordergrund stehende Idol des personifizierten bösen Prinzips, des Fürsten der „Dunkelheit“, zerschlagen hatte. Dem Bedürfnis Augustins entsprechend bekam nun dieser persönliche Gott auch zusehends persönliche Züge, in dem gleichen Maße wie der neuplatonisch eingestellte Christus-Logosbegriff dem christlich-soteriologischen wich. Das äußere Zeichen des wärmsten, persönlichen Empfindens zu Gott mit dem Erwarten und der Hoffnung auf Gegenseitigkeit finden wir in den Konfessionen. Unter

[1]) Vgl. hierzu auch Weinand, a. a. O.

dem Einfluß seiner späteren Gnadenlehre verblaßt dieses Bild wieder mehr und mehr. Gott bekommt ernstere, starrere Züge, entfernt sich zusehends vom Menschen, neigt sich gnädig in unnahbarer Hoheit. Die Gerechtigkeit und Allmacht Gottes überstrahlen seine Güte, Barmherzigkeit und Liebe. Das Distanzerlebnis Augustins und seine eigene Charakterveranlagung geben dem Bilde Gottes eine durch Milde nicht mehr ausgeglichene Härte und rauben ihm damit die vollendete Harmonie. Das ist die notwendige Folge seiner Gnadenlehre. Die berechtigte Behauptung, daß der Mensch ohne unverdiente Gnade Gottes nichts zu seinem Heile Verdienstliches bewirken kann, trieb bei gleichzeitiger irriger Annahme eines partikularen Heilswillen Gottes in eine verzweifelte Situation, wenn er dazu noch behauptete, daß die Prädestination ohne Rücksicht auf die vorhergesehenen guten Werke oder den vorhergesenen guten Willen erfolge. Damit wurde theoretisch dem Menschen jeder Einfluß auf sein Geschick entzogen [2]). Was nützte ihm das gute Werk, wenn es nicht gewertet wurde, und was sollte er sich vor Sünde hüten, da sein freier Wille im rechten Augenblicke schon gelenkt würde, wenn es so in Gottes Rat stände. Augustinus hat die Folgerungen hieraus nicht gezogen. Im Gegenteil ermahnte er zu Gebet und Predigt, besonders weil es in der Kirche nun einmal so üblich und durch die Schrift an vielen Stellen verlangt sei. Und als Gebot Gottes ist es vom wahrhaft religiösen Menschen einfach zu erfüllen, ohne nach dem Warum und Wozu zu fragen. So handelte Augustinus in vorbildlicher Weise auch für sich. Aber die große tödliche Gefahr, die seine Lehre für Gebet und Predigt wie überhaupt alle guten Werke in sich trug, hat er selbst erkannt. Ganz ausführlich handelt er hierüber in einem seiner letzten Lebenswerke [3]). Welch bedenkliche Verschiebung erleben wir hier gegenüber der früheren Zeit des alten, unbekümmert geradeausschauenden Wahrheitssuchers, der jetzt der gläubigen Menge aus Utilitätsgründen bewußt verschleierte und ausweichende Antworten gibt oder zu geben empfiehlt, um die praktische Anwendung und Ausnutzung seiner Gnadentheorie zu verhindern, deren Folgen für

[2]) Vgl. Rottmanner OSB. 1892 in Jud-Rottm., S. 28.
[3]) De don. persev. 22 u. 23 (X, 1028 ff.).

Frömmigkeit und Sittlichkeit er zu fürchten beginnt; des Wahrheitssuchers, der zu einer verdächtigen Kompromißpolitik des „Als-ob" raten zu müssen glaubt! Für ein solches Verhalten fehlt uns heute jedenfalls das Verständnis.

Augustinus starb darüber. Ob er sonst auf die Dauer dieses Dilemma ertragen hätte?[4]) Ob nicht andere Fragen ihn noch viel peinlicher hätten berühren müssen? Denn letzthin führte die bis zu seinem Tode gleichsam mitdurchgeschleifte Ansicht vom freien Willen des Menschen zu einer wesenlosen Formel, die nur schwach die große Verlegenheit zu verbergen vermochte. Wozu das schemenhafte Gebilde? Gewiß, der Mensch wendet sich mit freiem Willen von Gott weg — wie könnte Gott sündigen! — was aber dann, wenn Gott immer der primus motor ist, der diesen Apparat nur a n s t ö ß t, damit die Gottestat nicht allzu augenfällig werde? Das ist das gleiche, wie wenn er es nach Augustin nicht zuläßt, daß das kleine Kind getauft werde, wenn es nicht zu den Auserwählten gehört, ob auch die dazu Verpflichteten ihr Menschenmöglichstes tun. Das Augustinische Gnadenzerrbild führt zu diesen und anderen unabsehbaren Konsequenzen. Denn Gnade ist das nur noch dem Namen nach. Ja gewiß, sie ist ein Geschenk des allmächtigen Gottes, und sie ist ein freies Geschenk; aber ist sie noch Gnade? Ihren gotteswürdigen Charakter hat sie verloren, sie ist starres Gewaltmittel, aber nicht mehr das Liebesgeschenk des gütigen und barmherzigen Gottes um des Verdienstes seines Sohnes willen. Und wird nicht durch Augustins Gnadenauffassung das Verdienst Christi letzten Endes überhaupt in Frage gestellt, soweit es dem Menschen selbst den Zugang zur Kindschaft Gottes verschaffen soll?

Die ausführliche Darstellung der Gnadenlehre Augustins in einem früheren Abschnitt und ihre kritische Beleuchtung hier, war notwendig, um uns ihre innere Entstehungsgeschichte klar machen zu können. Die bedeutendste E r f a h r u n g, die Augustin in seinem Leben je

[4]) Diese Frage ist ja hinfällig und doch, sie stellen heißt, die Größe der Gefahr erkennen, in der Augustinus selbst schwebte, wenn er seiner Neigung zur Konsequenz nachgab. Er hatte schon zu viele Brücken hinter sich abgebrochen, um noch gut einlenken zu können, ohne sein Prestige zu gefährden: Qui vero errare me existimant etiam atque etiam diligenter quae sunt dicta considerent, ne fortassis ipsi errent. De don. persev. 24, 68 (X, 1034).

gemacht hatte, war das Gnadenerlebnis; unmittelbar nach der Bekehrung nur im allgemeinen [5]), in den Konfessionen aber schon in aller Deutlichkeit. Die bedeutendste Erkenntnis war die Einsicht vom Gnadenakt Gottes beim Beginn des Glaubens (a. 397), die ja das ganze subjektive und objektive Gnadenproblem erst aktivierte und bei der gegebenen Konstellation geradezu revolutionär auf Augustins seelisches Verhalten wirkte. Ihr haben wir die Konfessionen, ihr auch die spezifisch Augustinische Gnadenlehre zu verdanken. In den Konfessionen findet sich die Behauptung der absoluten Gratuität der Gnade und in dem bekannten Ausspruch „Da quod jubes et jube quod vis“ schon die Anfänge der Prädestination. Wenn Augustin damals rückwärts schaute, sah er ein, daß er selbst ebensowenig durch eigene Kraft in Mailand umkehren konnte, wie er jetzt um Gottes Gnade in seinem Ohnmachtsgefühl der andrängenden Sinnlichkeit gegenüber rang. Seine persönliche Schwäche ließ ihn sich selbst in seiner ganzen Kleinheit und Ohnmacht sehen, und da er siegreich war und blieb, stieg in demselben Maße Gottes Allgewalt in seinem Gnadenwirken. Sein persönliches Erlebnis war ihm ein Distanzerlebnis zwischen Gott und Mensch geworden. Dort der gewaltige Schöpfer — hier der ohnmächtige Mensch. Er konnte um keinen Preis dulden, daß Gott in seiner freien Gnadengebung auch nur im mindesten (etwa durch gute Werke oder auch nur praevisis meritis) eingeschränkt wurde. Die Fehler seiner Lehre ergaben sich ebenso zum Teil aus diesem persönlichen Grunderlebnis, zum andern aber auch aus falschen Folgerungen, die hier jedoch nicht zur Erörterung stehen. Durch dieses persönliche Erleben bekam später (412—430), als die ganze Gnadenfrage wieder aufgerollt wurde, seine Lehre ihre Wucht und Stoßkraft, wie ihre Unerbittlichkeit und ganz bestimmte Richtung. Natürlich ergaben sich auch einzelne neue Gedankengänge im Laufe des Streites; aber das Wesentliche ist doch, daß Augustin nicht mehr unbefangen und vorurteilslos an die Prüfung dieser schweren Frage herantrat, wozu ihn der Statthalter Marcellinus aufforderte, sondern eine durch persönliche Erfahrung gebundene Marschroute hatte, die es ihm fast unmöglich machte

---

[5]) Vgl. die Soliloquien.

einzulenken oder umzukehren, da derartig in der Persönlichkeit festverankerte Komplexe die große Neigung in sich tragen, „überwertig“ zu werden.

b) Die Lehre vom Geschöpf.

Manche verwandtschaftliche Seite mit dem Gnadenproblem weist nun auch das Böseproblem auf, in dem das Geschöpf ebenso zentriert ist, wie dort Gott. Wie die Idee Gottes bei Augustin wohl die zentralere ist, so ist anfänglich wenigstens das Böse die aktuellere[1]). In seiner Beurteilung sind wir nun aber in einer ungleich schwierigeren Lage. Gerade die Quelle, aus der wir die wichtigsten Erkenntnisse schöpfen sollen, ist nicht mehr ganz klar, weil sie der Sünde darin unverkennbar eine hochbedeutsame gefühlsbetonte Färbung verleiht. Wir sprechen natürlich von den Konfessionen, und ich brauche das darüber Gesagte nur kurz in die Erinnerung zurückzurufen, um es uns verständlich zu machen. Die Konfessionen sind ein Gnadenverlangen des in seelischer Not befindlichen Augustinus. Er sucht Menschen, die ihm helfen um Gnade zu beten, und die Notwendigkeit hierzu glaubt er ihnen am besten durch die Schilderung seiner Vergangenheit beweisen zu können. Er verweist sie auf den gnädigen Gott, der durch seine Huld (damals war er noch der gütige Gott) ihn, den durch Sündenlast beschwerten und verstockten Menschen, wunderbar errettete. In der Erkenntnis, daß der Mensch aus sich allein nur sündigen kann, empfand er hart die Schwäche der menschlichen Natur. In der Erinnerung an für ihn nicht bezweifelbare eigene Verfehlungen überkam ihn ein schier unerträgliches Gefühl der Beschämung, Schande und schwersten Schuld. Er verlor die Freiheit des Urteils, die Klarheit des Blickes und sah Verfehlungen auch dort, wo nach Art und Umständen von solchen nicht gesprochen werden sollte. Das gibt den Konfessionen ihren düsteren und erschreckend schauerlichen Grundton. Wo wir nun aber auf sie als Quelle angewiesen sind, ist es ungemein schwer, zu einem klaren Bilde zu kommen. Was dürfen wir wohl mit Bezug auf das Böse, auf den „schlechten“

[1]) Vgl. Naville, 1872, 52: Il (l'idéalisme platonicien) lui apportait une solution de ce problème, qui l'avait si longtemps et si profondement tourmenté, le problème du mal. (s. auch Conf. 7, 7).

Menschen Augustinus, als tatsächlich gegeben betrachten? Zunächst einmal, daß Augustin in seiner ersten Jugend ein auch für damalige Begriffe ausschweifendes Leben führte. Ferner, daß er durch die Hortensiuslektüre zur Einsicht kam. Es begann damals die Stimmung der Abwendung vom Irdischen zum Ewigen hin in dem Bewußtsein von der Vergänglichkeit des Lebens, der Unruhe, die das Irdische dem Weisen bringt, und der Furcht vor kommendem Gericht. Es ist nicht zweifelhaft, daß die Furcht vor dem Jenseits wesentlich dazu beitrug, seine fröhlich-hemmungslose Lebenslinie zu knicken. Es ist sicher, daß diese ängstliche Furcht mit eine Haupttriebfeder war, die ihn veranlaßte, sich baldigst zur Klarheit durchzuringen und sich ja so zu verhalten, daß er für jeden Fall gesichert war. Die Folge dieser ersten seelischen Erschütterung war deshalb ja auch eine religiöse Tat. Bei den Manichäern konnte er, nachdem er die grobe Unmäßigkeit aufgegeben, beruhigt leben. Wir haben gar keinen Anlaß, anzunehmen, daß er sich dort irgendwie versündigte oder in Sündenschuld wähnte, wie es nach der Schilderung der Konfessionen erscheinen muß. Wir haben im Gegenteil ausführen können, daß Augustin damals schon Unsittlichem völlig fern stand [2]). Er war zudem überzeugter Manichäer und huldigte als solcher der Auffassung: „Vom Himmel kommt uns der unausweichliche Anlaß zum sündigen" [3]). Dadurch war er ohne persönliche Sünde und ohne Schuld, auch wenn er objektiv Böses getan hätte, da „ein fremdes Wesen aus dem Reiche der Finsternis" für ihn sündigte [4]). So konnte er jahrelang mit seiner Konkubine zusammenleben und noch kurz vor der Bekehrung seinem Freunde Alypius „von den Freuden eines dauernden Verhältnisses" erzählen und fortfahren „käme diesem erst der ehrbare Name einer gesetzlichen Ehe zu, so hätte er (Alypius) keinen Grund, sich zu verwundern, warum ich diese Lebensweise nicht aufgeben wolle und könne" [5]), abgesehen davon, daß das Zusammenleben mit einer Konkubine nicht als sündhaft galt. Ja Augustinus hatte damals noch ein so ursprüngliches,

---

[2]) Vgl. S. 29.
[3]) Conf. 4, 3.
[4]) ib. 9, 4.
[5]) ib. 6, 12.

natürliches Empfinden, daß es ihm „zum Verwundern war“ [6]), daß Alypius damals schon völlig enthaltsam lebte. Daß sich Augustin als Manichäer naturgemäß mit dem Prinzip des Bösen auseinandersetzen mußte, ist klar; daß er ihm mehr Aufmerksamkeit schenkte als dem Prinzip des Lichts, liegt doch wohl in seiner Natur begründet. Als Ersatz des zwar nicht sündhaften, aber nicht so „ehrbaren“ Konkubinats beschlossen dann Monnika und er selbst, nach einer Braut Ausschau zu halten und zu heiraten. Weshalb erfolgt nun trotzdem auf einmal ganz kurze Zeit darauf der Entschluß völliger Enthaltsamkeit? Nun, wie wir wissen, kam mancherlei Äußerliches hinzu: Die Erzählungen von Antonius und anderen vorbildlichen Menschen, die Lehre Plotins vom Werte der Verachtung des Irdischen, Pauli von der Vollkommenheit völliger Keuschheit. Die Bedeutung gerade der beiden letzten Punkte kann man nicht leicht überschätzen, und trotzdem glaube ich, mußte etwas anderes hinzukommen, um diesen Idealen lebendige Kraft zu verleihen. Das aber war wiederum ein persönliches Erlebnis. Die eigentliche Ursache lag nämlich in dem Fiasko, das er erlitten hatte, als er seine erste Konkubine nach Hause schickte und sich gleich darauf eine neue nehmen mußte, weil er es die zwei Jahre bis zur Heirat ohne ehelichen Umgang nicht aushalten konnte. Er empfand jetzt seine starke Konkupiszenz mit innerem Widerwillen. Er mußte sich dann weiter sagen, daß er sich auch in Zukunft neben dem angetrauten Kinde wohl noch eine Konkubine halten müsse. Also so ging es offenbar nicht, und die Entscheidung mußte deshalb in klarer Erkenntnis aller Schwierigkeiten um alles oder nichts, um „freie Liebe“ oder um strengste Enthaltsamkeit gehen. Der Ausgang des Kampfes ist bekannt. Es fragt sich nun, weshalb sieht Augustin diese ganze vorliegende Zeit später durch eine so schwarze Brille? Natürlich konnte er manches bedauern, auch wenn es nicht persönliche Schuld war. Aber dabei blieb es nicht, sondern rückwärts schauend übertrug er seine christlichen Formulierungen auch auf seine vorchristliche Zeit. Gerade an den letzten Entgleisungen sah er, daß er tatsächlich nur der Sinnenlust wegen liebte, nicht aber liberorum procreandorum causa, der Kinder wegen, wie es die Tabulae matrimo-

[6]) Conf. 6, 12.

niales jedem christlichen Ehepaar deutlich vor Augen hielten. Wegen dieser Vorschrift dachte er vielleicht auch mit gewissem Unbehagen an die lange Zeit seines ersten Verhältnisses, aus dem er zwar einen Sohn, aber dann etwa acht Jahre lang kein Kind mehr bekam. So erschien ihm selbst sein Konkubinat nachträglich als unerlaubt, innerlich unwahr, weil es nach seiner Ansicht nicht in dem von der Kirche geforderten Sinn an Ehestatt zur Pflege der Familie geheiligt ward, sondern nur allzudeutlich die entgegengesetzte Absicht, vielleicht auch durch entsprechende Maßnahmen gefördert, an der Stirn trug [7]). Doch das allein kann keine genügende Begründung für seine Armesünderstimmung sein. Nimmt er doch nicht nur etwaige sexuelle Vergehen, sondern auch ganz gewöhnliche andere Übertretungen unter die Lupe einer strengen Durchmusterung. Berühmtheit erlangte hier der bekannte Birnendiebstahl, die „nächtliche Schandtat meines 16. Lebensjahres“ [8]). Man muß sich angesichts solcher Behauptungen allen Ernstes fragen, ob Augustin hier wirklich selbst glaubt, was er sagt. Aber es kann kein Zweifel sein. Trotzdem er seine rhetorische Kunst bei der Schilderung dieses Vorfalles zu voller Entfaltung bringt, nimmt er die Sache tiefernst und höchst wichtig, und errötet noch bei dem Gedanken daran [9]). Er ist blind für die Natur des Menschen geworden und hat für Scherze und Lausbübereien der Flegeljahre kein Verständnis mehr. Wie er ja auch in den Ungereimtheiten des kleinen Kindes die Sündhaftigkeit des Einzelmenschen durchschimmern sieht: „Denn vor Dir ist niemand frei von Sünden, auch nicht das Kind, dessen Leben auf Erden erst einen Tag währt“ [10]). Das Weinen und Schreien und auch die Widerspenstigkeit der Kleinen verdienen seinen Tadel; denn „des Kindes Herz ist nicht ohne Schuld“ [11]). So

---

[7]) Wir müssen allerdings hier bedenken, daß in der katholischen Kirche die Geschlechtssünden eine besondere Beachtung fanden. Augustinus sagt (Ep. 22, 2 u. 3; [II, 91]) hierüber etwa, daß es nach dem Apostel drei besonders schwere Lastergattungen gibt (nämlich Völlerei, Unzucht und Streitsucht), und fragt, weshalb nur die zweite in der Kirche als schwerstes Verbrechen geahndet wird.

[8]) Conf. 2, 6.

[9]) ib. 2, 8.

[10]) ib. 1, 7.

[11]) ib. 1, 7.

konnte er auch, weil er in der Schule nicht recht lernen wollte und deshalb Strafe bekam, von sich sagen: „Ich hatte die Strafe wohl verdient, ein so kleiner Knabe und so großer Sünder“ [12]). Wie muß er also erst über den Birnendiebstahl des Jünglings denken! „Ich freute mich an dem, was nicht erlaubt war, einzig darum, weil es nicht erlaubt war“ [13]). Dem liegt die richtige Erkenntnis zugrunde, daß vor allem für den jungen Menschen die verbotenen Früchte die süßesten sind. Dies Geschehen ist aber ein triebhaftes und mehr unbewußtes, und nur selten macht sich ein solcher „Missetäter“ klar, daß er das Verbotene einzig darum tut, weil es verboten ist. Das muß schon eine arg verderbte Natur sein, die ihre „schimpflichen Taten“ [14]) aus „Widerwillen gegen die Gerechtigkeit und aus Gier nach dem Unrecht“ [15]) tut, wie Augustinus es von seinem Diebstahl behauptet. Daß das wirklich so gewesen sein soll, glauben wir ihm einfach nicht, dagegen spricht sein ganzes späteres Leben, seine ganze Persönlichkeit. Das sind Verschiebungen, die bei Augustinus vor sich gegangen sind, indem er Augenblicksstimmungen auf die Vergangenheit übertrug. In der Ordnung war es natürlich gerade nicht, daß er vom Spielplatz, auf dem er bis in die Nacht getollt, mit ein paar jungen Schlingeln auszog, um einen Baum zu plündern und die Früchte fortzuschleppen, die sie nachher wegwarfen [16]). Aber welcher rechte Junge hat schließlich nicht auch einmal Ähnliches verbrochen! Und wenn er ein rechter Mann geworden ist, weiß er hoffentlich, wie er darüber zu denken hat. Augustinus hat es nicht gewußt. Er hatte eine Brille aufgesetzt, durch die er nur noch nach dem Schöpfer sehen, die Geschöpfe aber nicht mehr betrachten wollte. Und hier liegt auch der Schlüssel für das Verständnis seines Verhaltens, für seine einseitigen Übertreibungen, seine Schwarz-in-Schwarz-Malerei. Wenn wir uns jetzt nämlich noch einmal fragen, weshalb Augustinus seine vergangenen Taten, die er doch durch die Taufe samt Strafe erlassen wußte [17]), so hervorhebt und streng be-

[12]) Conf. 1, 12.
[13]) ib. 2, 6.
[14]) ib. 2, 1.
[15]) ib. 2, 4.
[16]) ib.
[17]) ib. 9,6.

wertet, weshalb er gleichsam in der Selbstanklage schwelgte, so daß wir manchmal den Eindruck eines wollüstigen Wühlens in der Selbsterniedrigung und -zerfleischung haben, so hat das einen doppelten Grund. Wie ich schon öfters ausführte, befand sich Augustin zur Zeit der Niederschrift der Konfessionen in einem heftigen Abwehrkampfe gegen die mächtig aufstrebenden Kräfte seiner sinnlichen Leidenschaft. Dieser Kampf war äußerst erbittert, und alle Waffen, die zur Verfügung standen, wurden herangezogen. So wurde naturgemäß auch alles, was mit Leidenschaft und Sinnlichkeit irgendwie in Verbindung stand, mit dem gleichen Gefühlston des Niedrigen, Abscheulichen, Verachtens- und Hassenswerten belegt. Der Kampf macht rücksichtslos und einseitig; alles wird auf das eine Ziel eingestellt, für alles in der Randzone Liegende hat das auf einen bestimmten Punkt unverrückbar gerichtete Auge keinen Blick mehr. Augustinus sah nur noch sich, die Sünde und Gott. Überall witterte er Gefahr. Die verderbte menschliche Natur konnte ihm jeden Augenblick einen Streich spielen. Verallgemeinernd übertrug er diese Verhältnisse auf alle Menschen und auch auf alle menschlichen Handlungen, so daß er zu einem Begriff der strengsten Askese, der vollkommenen Weltabwendung und Weltflucht kommen mußte. Die persönliche Kampfstellung um seine Reinheit hatte Augustin also zu den einseitigen Verallgemeinerungen und den schrecklichen Ansichten über die böse Natur des Menschen gebracht.

Das war das eine. Dazu kam nun noch, daß nach neuplatonischer Ansicht die Verachtung der Sinnenwelt Erfordernis einer erfolgreichen Zuwendung zum Geistigen war. Das erdgebundene Geschehen hindert in jedem Falle den Menschen an seinem höchsten Ziele, der Erfassung der Wahrheit, Gottes durch Geistesarbeit und Geistesschau. In diesem Sinne konnte Augustinus sagen: Eos enim sapientes voco, qui regno mentis omni libidinis subjugatione pacati sunt [18]). Nun war es natürlich leicht, daß sich aus einer allgemeinen Einstellung der Geringschätzung des Irdischen und seiner Äußerungsformen ein Zerrbild der Schöpfung ergeben mußte, zumal, wenn dann noch der Sünden- und Schuldbegriff damit ver-

[18]) De lib. arbitr. 1, 9, 19 (I, 1232).

bunden wurden. Wie sehr aber Augustin damals (um 400) unter dem Einfluß dieser neuplatonisch-christlichen Auffassung stand, mag die folgende Schilderung aus dem zehnten Buche der Konfessionen lehren: „Wer aber vermöchte aufzuzählen, von wievielen verächtlichen Kleinigkeiten täglich unser Vorwitz in Versuchung geführt wird und wie oft wir ausgleiten? Wie oft geschieht es, daß wir nichtige Erzählungen zuerst gleichsam ertragen, um keinen Schwachen zu beleidigen, allmählich aber mit Vergnügen zuhören? Ich gehe nicht mehr in den Zirkus, um zu sehen, wie ein Hund hinter einem Hasen herläuft, auf dem Felde aber, wenn ich zufällig vorbeikomme, lenkt vielleicht eine solche Jagd mein Interesse ab; ich unterbreche womöglich einen ernsten Gedankengang und schaue ihr nach, und komme ich auch nicht vom Wege ab, indem ich ihr nachreite, so doch, indem die Neigung meines Herzens einer anderen Richtung folgt. Und wenn Du mich nicht sofort ermahnst, meiner Schwäche eingedenk zu sein und von dem Geschauten aus durch irgendeine Betrachtung zu Dir aufzusteigen oder mit Geringschätzung darüber hinwegzugehen, so schaue ich gedankenlos hin. Und geschieht es nicht, daß, wenn ich zu Hause sitze, eine Eidechse meine Aufmerksamkeit gefangen nimmt, welche Fliegen fängt, oder eine Spinne, welche sie in ihr Netz verwickelt? Oder ist dies etwas anderes, weil es sich um kleine Tiere handelt? Wohl gehe ich von da dazu über, Dich zu loben, der Du so Wunderbares geschaffen hast und alle Dinge lenkst und ordnest, aber nicht umgekehrt wird mir dies zum Ausgang, den Geschöpfen meine Aufmerksamkeit zu schenken. Ein anderes ist, sich rasch erheben, ein anderes, nicht zu fallen. Und von solchen Vorkommnissen ist mein Leben voll, meine einzige Hoffnung aber ist Deine überaus große Barmherzigkeit. Denn wenn unser Herz zum Behältnis für derlei Dinge wird und Eitelkeiten in großer Menge mit sich führt, werden von daher unsere Gebete unterbrochen und in Verwirrung gebracht, und während wir in Deiner Gegenwart die Stimmen unseres Herzens zu Dir richten, daß Du sie hörst, dringen, ich weiß nicht woher, unnütze Gedanken ein, und das ernste Geschäft wird zunichte“ [19]).

[19]) Conf. 10, 35.

Bei derart weltflüchtiger Lebensauffassung ist es verständlich, daß Augustin es sich auch überlegt hatte, ob er die Folgerung ganz ziehen und „in die Einsamkeit fliehen solle“ [20]). Aus dem gleichen Grunde ist er auch demgegenüber sehr vorsichtig, was man wohl religiöse Empfindung nennt. Eben deshalb stellt er zum Beispiel Betrachtungen über die Zweckmäßigkeit des Kirchengesanges an und kommt erst nach langem Abwägen zu einem — wenn auch nicht sehr freudigen — Ja; denn es besteht die Gefahr, daß „die Sinnesempfindung, anstatt der Vernunft sich anzuschließen und ihr geduldig nachzufolgen, da sie ja nur deretwillen eingelassen wurde, versucht, voranzueilen und die Führung zu übernehmen“[21]).

Wenn wir bisher ausführten, daß Augustinus infolge allgemeiner Weltverachtung als Philosoph und Christ sowie durch persönliche Kampfeinstellung gegen die Sünde und eigene Leidenschaft sein vergangenes Leben so finster darstellte, wie er es selbst in den entsprechenden Jahren seines Vorlebens nicht empfunden hatte, so ist das zum größten Teil durch eine unbewußte Affektverschiebung oder -übertragung auf ähnliche Gebiete aus den angeführten naheliegenden Gründen und in verständlicher Weise, aber ohne Berechtigung geschehen. Dadurch wurde die stets schon vorherrschende Neigung zur Beschäftigung mit dem Bösen überwertig. Auch hier können wir von einem überwertigen Komplex sprechen, dem überwertigen Böseproblem. Das wird auch dadurch nicht eingeschränkt, daß wir vielleicht auch eine bewußte Affektübertragung mit annehmen können, da Augustinus durch diese Schilderung seiner schrecklichen Vergangenheit sein Gnadenbedürfnis für die Gegenwart beleuchten wollte. Sein Urteil über sexuelle Ausschweifungen würde so schließlich verständlich sein, niemals aber seine Schilderungen des Birnendiebstahls und der anderen Jugend- und Kinderunarten und -eigenheiten. Hier kann uns nur die Annahme einer überwertigen Idee in dem oben entwickelten Sinne einen verständlichen Zusammenhang geben.

Damit hätten wir dem Böseproblem und seinen inneren Zusammenhängen bis zu den Konfessionen nach-

[20]) Conf. 10, 43.
[21]) ib. 10, 33.

gespürt. Wir dürfen zusammenfassend sagen, daß Augustin ihm stets eine besondere Beachtung schenkte, daß es aber erst etwa zur Zeit der Konfessionen überwertig wurde, während er z. B. im Jahre 391 noch Worte der Entschuldigung für sein Verhalten fand [22]). Es fragt sich nun nur, ob diese Überwertigkeit auch sehr lange anhielt. Bestimmte Angaben werden sich darüber wohl nur schwer machen lassen, da wir ein weiteres Bekenntnis aus wesentlich späteren Lebensjahren nicht besitzen. Sicher ist nur, daß mit voranschreitendem Alter entsprechend dem Nachlassen der eigenen sinnlichen Stärke und dem Wachsen der eisernen Selbstbeherrschung seine affektive Spannung in dieser Hinsicht wenigstens an Bedeutung verlor. Immerhin finden wir doch in den Retraktationen (426) noch Anklänge einer ängstlichen Gewissenhaftigkeit und Übertriebenheit, wenn er harmlos gebrauchte Worte und Wendungen wie fortuna, omen u. a. zurücknimmt [23]) und bedauert heidnischen Philosophen, wie Plato, Lob gespendet zu haben [24]). Ja, man hat im Verlaufe des Gnadenstreits den Eindruck, als ob sich das ganze Böseproblem von Grund auf verschoben hätte. Die persönliche Sünde und Schuld tritt immer mehr zurück und weicht der großen Sünde, dem pecatum originale, das die menschliche Natur so von Grund aus verderbte, daß sie aus sich nur noch böse sein konnte. Selbstverständlich ist dieser Gedanke auch bei Augustinus schon alt, doch tritt er erst später so beherrschend in den Vordergrund. Die Erbsünde bildet für Gott und den Menschen in gleicher Weise den Stein des Anstoßes. In dem Maße, wie sich die Bedeutung der eigenen guten Werke bedenklich verschleiert, verliert die persönliche Sünde an Interesse für den Heiligen. Das Augustinische Denken ist damit enger und weiter zugleich geworden. Weiter, weil der Gegensatz nicht mehr so sehr der Mensch mit seiner Sünde und Gott ist, sondern die Menschheit mit ihrer Erbsünde und Gott. Die neue Betrachtungsweise entfernt sich also von der früheren überstark betonten, aber verständlicherweise gegebenen Egozentrizität. Enger wird sie dadurch, daß das Verhältnis von Gott und Mensch in festere Gesetzmäßig-

[22]) De duab. animab. 9, 11 u. 12 (VIII, 102 ff.).
[23]) Retract. 1, 1, 2 u. 1, 2 u. 3, 2 (I, 585 f., 588).
[24]) ib. 1, 1, 4 (I, 587).

keiten (Prädestination) gebracht wird. Trotzdem wäre es aber nicht richtig, wie von einer Überwertigkeit des Gnaden- und Sündenproblems, so auch von einer solchen des Erbsündenbegriffs zu reden. Auch dieser Gedanke hat zwar eine mehr als notwendig zentrale und einseitige Stellung in seinem Denken erhalten, aber es fehlt die Stärke der natürlichen affektiven Bindung. Wir können deshalb auch nicht von einem Erbsündenkomplex reden, wie wir es mit großer Berechtigung von dem Gnaden- und Sündenkomplex tun, obwohl wir bedenken müssen, daß auch dieser neue Gesichtspunkt nicht ohne affektive Bindung und ohne organischen Zusammenhang mit der Natur Augustins dasteht, daß vielmehr auch er ursprünglich auf eine persönliche Erfahrung des Heiligen zurückgeht, indem er nämlich die Erbsünde als Urheberin zunächst seiner verderbten Natur, der Konkupiszenz in ihm, die dem Willen widerstand und ungerufen auftrat, unangenehm erlebte.

So glaube ich deutlich genug gezeigt zu haben, wie die Denkrichtung und Lehre Augustins in ihren wesentlichen Zügen mit seiner Persönlichkeit unzertrennlich verbunden sind, wie eins das andere bedingt. Es ist ein autochthon verwurzeltes Blütenwerk, das mit der Person des Schöpfers eine harmonische Symbiose eingegangen ist. Und wie die Persönlichkeit Augustins unter dem Zeichen der Entwicklung steht, so auch seine Denkgeschichte. Ein gewisser Unterschied besteht nur darin, daß die Persönlichkeit sich absolut geradlinig nach inneren Gesetzen entwickelt; die Lehre jedoch nicht ganz in dem gleichen Maße. Zwar besteht auch hier vor allem Neigung zur Konsequenz (Prädestinationslehre!), aber da Augustin ganz wesentlich sekundär-produktiv (oder reaktiv- oder erlebnis-produktiv) war, kommen hier auch wesentlichere Einflüsse als dort von außen durch besonders bedingte Einstellungen hinzu. Hier ist ja überaus bezeichnend das Verhältnis von freiem Willen zur Gnade in seiner Lehre; das deutete Augustin auch selbst zart an, ohne es allerdings direkt zuzugeben, indem er es für nötig befand, die Retraktationen zu schreiben.

IV.

Persönlichkeitsanalyse Augustins. Grundzüge seiner seelischen Struktur.

Persönlichkeit im Sinne der Psychologie ist die Erscheinungsweise der psychischen Person. Der Begriff der seelischen Person aber ist ein komplexer. Indem wir uns seiner bedienen, fühlen wir, daß wir damit etwas ganz Bestimmtes sagen, ohne es auf eine einfache Formel bringen zu können. Das liegt daran, daß sich in ihm eine Verdichtung mehrerer anderer Begriffe vollzogen hat. Um die hauptsächlichen zu nennen, können wir das Temperament, das Triebleben, die Strebungen, die intellektuellen Fähigkeiten, den Charakter erwähnen. Wichtiger ist für uns die Feststellung, daß die Persönlichkeit eine Funktion darstellt. Sie ist nämlich abhängig von der wesentlich durch die Erbmasse bedingten Anlage, wie den Umwelteinflüssen, dem Erlebnis und der bewußten Selbsterziehung. Den überragenden Einfluß hat natürlich das, was der Mensch mit auf die Welt bekommt; und dieser Einfluß ist jedenfalls so groß, daß die anderen Umstände nur im Rahmen des einmal Gegebenen wirksam sein können. Aus dem Vorhergehenden ergibt sich, daß das Persönlichkeitsbild je nach dem Zeitpunkte, an dem man es betrachtet, schwanken muß, auch wenn man nicht in den Fehler fällt, als Schwankungen eigene hineingetragene Wertungen aufzufassen. Die größte und reichste Persönlichkeitsentfaltung ist im Mannesalter erreicht, um an einem bei jedem einzelnen sehr verschiedenen Zeitpunkt durch den Beginn der Greisenhaftigkeit bestenfalls zu starrem Besitz zu werden.

Der Verfolg dieser verschiedenen Phasen führt zu der Persönlichkeitsgeschichte, wie wir sie im ersten Teil entwickelt haben. Sie dokumentiert sich besonders bei dem historischen Menschen auch in seinen Werken und seinen Denkinhalten, wie die beiden nächsten Teile zeigen sollten. Aus dem ganzen Umfang dieser Darstellung versuchen wir nun, den Kern Augustinischen Wesens, das Anlagemäßige, das Typische und Spezifische in einzelnen großen Grundzügen herauszustellen, kurz alles das, was uns verständlich zu machen vermag, weshalb die Persönlichkeitsgeschichte so und nicht anders verlaufen ist.

Das ist schon beim Lebenden nicht immer leicht. Es gibt „komplizierte“ Naturen, die uns vielleicht überhaupt nie zur Klarheit kommen lassen. Immerhin haben wir aber da doch die Möglichkeit, den Menschen auf uns einwirken zu lassen, in sein Inneres einzudringen, Aufklärungen über unklare Zusammenhänge zu erhalten, ihn zu Reaktionen zu bringen, aus denen wir Schlüsse ziehen können, und das in uns aufzunehmen, was eben durch nichts anderes als das Leben selbst gegeben werden kann, nämlich die „Imponderabilien“ des seelischen Geschehens, feinste Schattierungen des psychischen Ausdrucks, die der Persönlichkeit ihre eigenartige Färbung geben, und, wenn auch gefühlsmäßig erfaßt, doch zur Beurteilung wertvollste Anhaltspunkte bieten.

Auf diese Möglichkeit einer Verwertung unmittelbaren psychischen Lebens und Erlebens müssen wir hier verzichten und waren deshalb darauf angewiesen, es aus den uns erhaltenen starren Werten der Person, seiner Geschichte, seinem Werk und dessen Inhalten neu erstehen zu lassen.

Mit der im vorhergehenden Abschnitt aus der Persönlichkeit heraus entwickelten Denkgeschichte Augustins, wenn ich so sagen darf, haben wir zugleich wieder tiefere Einblicke für die Analyse der Persönlichkeit gewonnen. Wir haben uns Klarheit dahin verschafft, daß Augustins Verlangen nach Erkenntnis letzten Endes ein religiöses war. Es trieb ihn, einen Punkt zu finden, von dem er sich in Beziehung zum Weltganzen und vor allem zu dessen Schöpfer setzen konnte. Das aber gab ihm seine Religion, sein Glaube. Nun sahen wir ferner, daß sein Denken im wesentlichen dem sündigen Menschen und dem gnädigen Gott, mehr noch dem Verhältnis dieser beiden galt; aber es fragt sich, ob das noch etwas Besonderes zu sagen hat, da man annehmen sollte, daß diese Frage doch die Kardinalfrage eines jeden Menschen sei oder wenigstens sein sollte. Bei Augustinus handelt es sich um mehr. Die Ausschließlichkeit, mit der er diesem Gedanken seine gefühlsbetonte Aufmerksamkeit schenkt und schenken muß, die Verachtung, die er allen anderen geschöpflichen Dingen als „sensibilia“ oder „carnalia“ (Gal. 5, 24) [1]) entgegenbringt und besonders die bestimmte Richtung und Bedeutung, die für Augustin das Gott-Mensch-Problem hat, sind Sonderheiten seines Denkens und Fühlens. Dabei stellten wir als das Bedeutsamste in das Licht unserer Untersuchung, daß das Gnaden- und Sündenproblem und somit vor allem auch seine Gnadenlehre, die ihm einen besonders großen Namen einbrachte, ihre Wurzel in seiner Person finden und daß sie wegen der starken Affektbindung die Neigung zur Überwertigkeit in sich tragen.

Wir wollen sehen, ob wir hier nicht noch etwas tiefer in das seelische Geschehen vordringen können, und fragen daher: Welche Umstände oder Eigenschaften bedingen es, daß das Gott- und Mensch-, oder besser Sünden- und Gnaden-Problem in dem Leben Augustins so bedeutungsvoll wurde; und ferner wollen wir zusehen, ob uns die Tatsache der Überwertigkeit nicht noch manchen Aufschluß geben kann.

Die Bedeutung des Sündenproblems liegt in der Spannung, die bei einer elementar-sinnlichen Leidenschaftlichkeit durch ein sehr empfindsames Gewissen bei einer ängstlichen Natur mit dem Drang zur metaphysischen Wertung unterhalten wurde. Also Leidenschaft, Gewissen und Ängstlichkeit heißt die Trias, die im Hintergrunde als treibende Kraft erscheint, die überhaupt stets einen hervorragenden Einfluß auf Augustins Leben hatte. Im einzelnen sind wir ihr bisher schon so eingehend nachgegangen, daß sich eine besondere Besprechung hier erübrigt.

Demgegenüber hat das Gnadenproblem seinen Erlebnishintergrund zunächst in einer gedanklichen Verarbeitung seiner „Bekehrung“ als Gnadentat Gottes und dann besonders in der Gnadenbedürftigkeit der Jahre um die Zeit der Niederschrift der Konfessionen. Das treibende Moment war wiederum, hier aber fast ausschließ-

[1]) De magistr. 12, 39 (I, 1216) u. de duab. animab. 9, 11 (VIII, 102 ff.).

lich, die ungeheure Stärke der normalen sexuellen Libido, die gegen ein auf Überzeugung und Glauben unerschütterlich fest gegründetes sittliches Gebot ankämpfte und es vergebens zu unterhöhlen suchte.

Wie werden nun aber diese beiden Gedankenreihen, die übrigens mehr als einen Berührungspunkt haben, überwertig? Um diese Frage beantworten zu können, müssen wir vorerst über den Begriff der Überwertigkeit einig sein. Er ist von mir zwar der Psychopathologie entnommen, deckt sich aber nicht ganz mit dem dort gebräuchlichen. Da mir kein anderer zur Verfügung steht, der so sprechend den Sachverhalt mit kurzem Worte bezeichnet, habe ich ihn gern benutzt, unterstreiche aber ausdrücklich, daß er hier nur für normalpsychologisches Geschehen verwandt wird und besagen soll, daß eine affektbetonte Vorstellung, also ein Komplex, sich in besonderem Maße in das Denken eines Menschen vordrängt, so daß er von ihr gänzlich eingenommen erscheint, man darf sagen beherrscht wird, und dadurch leicht zu falschen Schlüssen und falschen Einstellungen, zu Verdunkelung des klaren Blicks und Trübung des ruhigen, nüchternen Urteils geführt wird. Nach dieser Erklärung, nach der die überwertige Idee hier sich offensichtlich von der Wernickes unterscheidet, wird es wohl niemand zweifelhaft sein, daß die seltsamen Übertreibungen, denen Augustinus bei Betrachtung seines vergangenen „Sünderlebens“ anheimgefallen ist, hier untergebracht gehören und daß man den ganzen Umfang dessen, was unter die Begriffe Sünde und Böses fällt, richtig hierher als überwertige Idee einordnen kann. Ähnlich, wenn auch nicht so ausgesprochen, verhält es sich mit dem Gnadenproblem. Doch ist ein Unterschied zwischen diesen beiden Ideenkreisen nicht zu verkennen. War es nämlich im ersten Falle mehr die Triebstärke und das persönliche Erlebnis des in den Blütejahren stehenden Jünglings und Mannes, so ist es hier, entsprechend dem höheren Alter, mehr der Zwang seiner Natur zu konsequentem Denken, zum Zuendedenkenmüssen, das starre Festhalten am einmal Erfaßten, während das Erlebnis zwar ursprünglich den Affekt an die Gnadenvorstellung gebunden hatte, dann aber vorerst anscheinend zur Ruhe kam, bis es bei entsprechender Gelegenheit wieder ausgegraben wurde.

Selbstverständlich klang dann immer der Affekt, das Persönliche mit durch, aber nicht mehr in der Ursprünglichkeit und Lebendigkeit wie beim Böseproblem. Diese beiden Gedankengänge dürfen also nicht ganz auf eine Stufe gestellt werden; hier ist mehr affektive, dort mehr intellektuelle Überreaktion, damit auch hier mehr affektive, dort mehr intellektuelle Entgleisung, hier mehr primäre, dort mehr sekundäre Überwertigkeitsbildung auf dem Umweg der Reflexion über einen alten Komplex.

Die Überwertigkeit erklärt uns das zähe Festhalten an eigenen Gedankengängen, die Sicherheit im eigenen Urteil, die Vernachläsigung der Gedankengänge anderer, die dadurch nicht zu vermeidende Einseitigkeit und Übertreibung, das Übersehen der Schwächen und Gefahren des eigenen Systems und die Intoleranz und zunehmende Schärfe im Kampfe vollkommen. Es ist eine Entwicklung in gerader Linie entsprechend den naturgegebenen Kräften und nicht gehemmt durch ein Paktierenmüssen mit den Anforderungen und Anschauungen des Lebens und der Mitmenschen, einzig und allein gerichtet auf den einen Punkt, auf den er sich nun einmal gezogen fühlt, auf Gott. Es ist die folgerichtige Entwicklung eines wahrhaft gottesbedürftigen und gottesgläubigen Menschen, der sich nicht scheut, aus seinen Ideen, seinen Empfindungen und Erfahrungen rücksichtslos die volle Konsequenz zu ziehen.

Die Folge ist natürlich, daß die Einstellung Augustins damit eine ausschließlich egozentrische ist, nämlich die Ichbezogenheit auf Gott. Praktisch ist deshalb auch die Nächstenliebe Augustins, wie Naville sehr mit Recht hervorhebt, nur Mittel zum Zweck. Zur vollen Erfassung des zweiten Liebesgebotes Christi ist er nicht gekommen. „L'amour du prochain ne sera plus seulement un moyen de s'élever soi-même à l'amour de Dieu", sagt Naville [2]).

So erscheint uns denn, das Ganze überschauend, Augustinus als eine geschlossene, einheitliche Persönlichkeit besonderer Art und schärfster Ausprägung, als ein Mann, der den Weg geht, der ihm von Anfang an vorgeschrieben ist. Anfangs mehr zart, weich, ängstlich, furchtsam und empfindsam, später ankämpfend gegen

[2]) Naville, 1872. S. 132; s. auch 130.

sich selbst, sich dadurch verhärtend und alles Asthenische mehr und mehr zurückdrängend, bis schließlich der sthenische Charakter siegreich zum Durchbruch kommt, ohne daß es ihm allerdings gelingt, alles Sensitive zu ersticken [3]). Hier liegt für uns jetzt die psychologische Bedeutung der Bekehrungsszene evident zutage. Es ist der Wendepunkt zum endgültigen Durchdringen des Sthenischen in ihm zur geraden Linie, zu seiner adäquaten Lebensbahn. Es ist das Ende des Kampfes widerstrebender Anlagen, der mit seiner Persönlichkeitsreifung um die Zeit der Hortensiuslektüre begann. So sehen wir ihn auf der Höhe seines Lebens bis zum Ende fortschreitend und gewinnend an Macht und Herrscherwillen, mit dem durch reichste Gaben wohlbegründeten Drang zur Geltung. Die volle innere Beruhigung und die Befriedigung seines Geltungsbedürfnisses war aber nur möglich durch das entscheidende Prävalieren der einen der beiden in ihm vereinigten affektiven Richtungen, durch das Obsiegen der sthenischen Note über das Asthenisch-sensitive, des väterlichen über das mütterliche — des römischen über das numidische? — affektive Erbgut, wodurch der mütterliche Anteil am Werden der endgültigen seelischen Struktur Augustins weder in seiner Bedeutung verkannt noch hier überhaupt bewertet wird. Wie heftig Augustin gegen seine Empfindsamkeit bewußt ankämpfte und wie er sie als vielleicht strafbaren Hang am Irdischen schon um 400 empfand, zeigt die Bitte um Nachsicht, daß er um den Verlust seiner Mutter in Ostia eine Stunde geweint habe [4]). Im Besitze einer seine Affektivität voll befriedigenden Lebens- und Weltanschauung und in dem Gefühl der Sicherheit und des Geborgenseins unter kirchlicher Autorität steht er in allen Stürmen und Kämpfen als gewandter Rhetor unbezwinglich da. Er weiß es auch, daß man ihm nicht widerstehen kann, ist bei aller Bescheidenheit von seiner Macht und seinem Einfluß und der Bedeutung seines Lehrwerkes für die Kirche überzeugt und fühlt sich daher voll als verantwortlicher Hüter des Wortes Christi, als feste Säule der Kirche, unter der der Boden noch schwankte. Seinem ganzen Tun eignet der

[3]) Die fortschreitende Entwicklung Augustins zu rigoroserem Denken und Verhalten ist nach verschiedenen Richtungen schön zu verfolgen.

[4]) Conf. 9, 12 u. 13.

große Zug zum Idealen, zum Ewigen. Das Alltägliche, Nüchterne, Reale konnte ihn nur vorübergehend, als der Schmetterling noch unentfaltet in der Puppe schlummerte, fesseln. Seine Sinnlichkeit konnte ihn deshalb auch nicht dauernd niederhalten. Sie war zwar stark, aber nicht befriedigend und befreiend, war seinem an sich übersinnlichen Wesen aufgepfropft, paßte nicht zu ihm und wurde deshalb von ihm auch wie ein von der Natur aufgedrängter Fremdkörper, mit dem er sich nicht gütlich auseinandersetzen konnte, empfunden. Ihr mußte deshalb sein fanatischer Kampf gelten. Wie bei allen Idealisten ist sein ganzes Leben und Denken eingestellt auf glatte Erledigung, sind zahme Friedensschlüsse nicht beliebt, werden alle Halbheiten gehaßt: Deshalb nur durch und zu Ende; entweder — oder, ein drittes gibt es nicht! Die Konsequenz in der Lebensführung findet sich genau so wieder in seinem Denken. Sie ist Folge seiner großen Gewissenhaftigkeit, die auf einer starken inneren Wahrhaftigkeit und Gradheit basiert. Zu diesem Bild des leicht fanatischen, unruhvollen Vorwärtsstürmers und Kämpfers gehört eine nicht geringe Beigabe einseitiger Übertreibung und kalten Rigorismus.

Der auf ein Jenseits eingestellte Idealist muß so naturgemäß auch zum vollendeten weltabgewandten Asketen werden. Wer wollte wohl bestreiten, daß wir in Augustin einen der bedeutendsten Asketen sehen, der den Idealtyp christlicher Askese für jeden Menschen abgeben kann, der sich zu entschließen vermag, das Dasein nur als eben noch zu duldende Durchgangsstation zu höherem Sein aufzufassen, der mit Augustinus sagt: „Dann liebt man die obere Heimat, wenn einem die ganze Pilgrimschaft hier auf Erden als die größte Anfechtung erscheint. Denn wie soll dieses Leben hier nicht eitel Anfechtung sein, wenn es doch ganz und gar Versuchung ist?“ [5])

Das ist Augustinus: Der strenge Idealist, der große Glaubenseiferer [6]), der für sich und andere nur Forderungen, leidenschaftliches Bemühen um Gotteskindschaft kennt. Durch das gewaltige Ausmaß seiner Leidenschaft, seines Affektes, seines Geistes und seines Willens steht er

5) Ennar. in Psalm. 76, 4 (IV, 972).
6) Vgl. Enchirid. 6 (VI, 234).

mit an der Spitze der Heroen ähnlicher Seelenstruktur. Er bleibt ein Heros als Mensch neben dem Kirchenvater und -lehrer, wie ihn die christliche Gemeinschaft in Anerkennung seiner Bedeutung ehrenhalber benannt hat. Mit diesen Darlegungen ist als wichtigstes Ergebnis gleichzeitig auch gesagt, daß das gesamte Forschen Augustins stets seine höchstpersönliche Angelegenheit sein mußte, daß seine Lehre als Ausfluß seines persönlichen Werdens aufzufassen ist. Daß man es kann, sahen wir ja schon.

Wir nannten Augustin oben einen strengen Idealisten; wir können ihn auch noch einen ernsten Idealisten nennen, wenn wir die Betonung mehr auf den vorherrschenden Stimmungsuntergrund legen wollen. Etwas Düsteres und Gequältes liegt stets über dem Mann, der nie ganz von Ängstlichkeit und Furcht — nicht vor den Menschen — frei ist, der die Neigung hat, sich selber und alles um sich in dunkeln Farben zu sehen. Ängstlichkeit und Furcht verlieren sich ja bei ihm etwas mit zunehmenden Jahren, niemals aber machen sie Heiterkeit und Frohsinn, sondern nur ernster Gelassenheit, gottergebenem Fatalismus Platz. Natürlich nicht so, daß er nun die Hände in den Schoß legte, sondern indem er immer befähigter wird, das ihn erwartende vorherbestimmte Los im Jenseits als von Gott gegeben ohne Gefühlsausbruch hinzunehmen. Ein begeisterter Himmelstürmer, der in idealem Schwunge die Herzen in freudiger Stimmung mit emporreißt zu Gott, ist Augustin nie gewesen. Er ist weltflüchtiger Idealist, der ohne Zweifel den Tod wählen würde, wenn es ihm freigestellt würde, zu sterben oder noch einmal das Leben zu beginnen [7]). Nicht ein auf Leichtsinn und Leichtfertigkeit aufgebautes Dasein oder ein Leben der ruhigen, selbstsicheren Beschaulichkeit war seiner Natur gemäß; er mußte das Leben überwinden, um mit ihm fertig zu werden. Er hat seine eigenen Worte gut befolgt: Omnis vere iste mundus, id est omnia sensibilia contemnenda sunt; diese ganze schreckliche Welt, alles Körperhafte muß man verachten [8]).

Es ist natürlich verlockend, den Versuchungen nachzugeben, die an uns bei der Betrachtung des Seelenlebens

[7]) De civit. Dei 21, 14 (VII, 728).

[8]) De mor. eccl. cath. 19, 25 (I, 1327).

eines Menschen herantreten, nämlich die Einordnung des Einzelnen in ein Schema zu versuchen. Wie schwer das ist, zeigen uns mit erschreckender Deutlichkeit alle psychologischen Darstellungen auf diesem Gebiet. Auch die Bemühungen Kretschmers, der versucht auch die gesunde Persönlichkeit nach zwei großen Gesichtspunkten in schizothyme und zyklothyme zu teilen, sind nicht unwidersprochen geblieben. Trotz der naheliegenden großen Versuchung bei der Bestechlichkeit seiner Darstellung hier die praktische Nutzanwendung zu ziehen, will ich doch lieber Abstand davon nehmen. Wir müssen es erst noch der vergleichenden Forschung überlassen, durch weitere Sammlung und Sichtung des Materials klärend zu wirken; dann erst dürfen wir den Einzelnen einem Schema einordnen, das jedenfalls ja nur in allerweitesten Grenzen gehalten sein kann. Die Ausführungen Kretschmers bieten gewiß unheimlich schön und gut herausgestellte Gegensatzpaare. Vorerst aber ist zu bedenken, daß er vom Psychotischen über das Psychopathologische zum Normalen fortschreitet, dem Körperbau eine entscheidende Rolle einräumt, daß seine Zweiteilung eine grobe Einteilung ist, die jeweils sehr viel umfassen muß, daß sie trotzdem schon wieder zu eng ist und ganz besonders, daß wir nicht wissen, ob er nicht doch, wie Ewald meint [9]), zwei verschiedene Dinge vergleicht, die, wie die Bedeutung des Temperaments, vorherrschend im Zyklothymen, und die des Charakters wesentlich für den Schizothymen, unvergleichbare Größen darstellen. Wir wollen also das Weitere hier der zukünftigen Forschung überlassen. Daß es uns allerdings kaum schwer würde, Augustin in diesem Schema den entsprechenden Platz anzuweisen, ist nicht zweifelhaft. Wenn wir uns zum Beispiel einen Augenblick das Gegensatzpaar Schiller und Goethe vor Augen halten, werden wir wissen, daß wir ihn nur mit Schiller in Vergleich setzen könnten. Das Behagliche, Beschauliche des großen Olympiers geht Augustin ebenso ab, wie die Fähigkeit, den Menschen in seiner Erdenschwere zu erfassen und in Harmonie mit der übrigen Schöpfung zu empfinden und zu genießen oder das Erdendasein aus

[9]) Vgl. Ewald, Temperament u. Charakter, Berlin 1924, u. Kretschmer, Körperbau und Charakter, Berlin 1921.

vollem Herzen und mit Freuden zu bejahen und sich im übrigen mit dem für den Menschenverstand Lösbaren zu bescheiden, das Unlösbare wohl zu verehren, aber nicht anzugehen. Mit Schiller ist er uns eine Heldengestalt, ein Teil unseres hochstrebenden Ich, der Sehnsucht nach einer Klärung der letzten Dinge in rastlosem Suchen. Mit ihm aber auch ein Mensch, den man verehren, für den man sich begeistern, der einem Wege weisen kann, der aber dem Einzelnen stets unnahbar fern bleibt. . Denn das muß noch, selbst auf die Gefahr hin mißverstanden zu werden, gesagt sein, menschlich muß uns Augustin stets fern bleiben, weil er keine Wärme ausströmt. Das jedem Menschen und allem Menschlichen verständlich und mitfühlend zugetane volle Herz, das selbst in fühlbare Mitschwingung gerät, das tönt und klingt, das hat Augustinus nicht. Wir sehen ihn ja auch ebensowenig heiter, fröhlich oder gar humorvoll. Naville drückt das Verhältnis Augustins zu den Mitmenschen sehr glücklich mit den Worten aus: Il ne faut l'aimer (le prochain) que d'un amour impassible, et sympathiser avec lui, s'affliger de ses souffrances serait une faiblaisse indigne du sage [10]).

Dazu steht nicht im Gegensatz, sondern verträgt sich mit diesem Charakterbild Augustins ausgezeichnet, daß er wohl weich und empfindsam sein konnte, wie wir es aus den Konfessionen wissen und ebenso aus dem häufigen Weinen in Cassiciacum und auch später, der Ergriffenheit bis zu Tränen der Rührung beim Anhören des Psalmengesangs [11]), dem Abschied von seiner Konkubine und aus vielen anderen Anlässen schließen dürfen. Aber diese Gefühlsqualitäten, die alle mehr oder weniger der Zeit angehören, in der seine schwächlichen Züge, derentwegen man ja sogar von weibischem Verhalten bzw. weiblichen Elementen [12]) bei ihm gesprochen hat, noch nicht durch den harten Kampf der Selbstbezwingung niedergerungen waren, entsprechen dem mehr autistisch denn synton eingestellten Idealisten [13]).

---

[10]) Naville, 1872, S. 130.

[11]) Conf. 9, 6.

[12]) Scheel, S. 464; Mausbach, S. 30f.

[13]) Die Ausdrücke „autistisch" und „synton" sind von Bleuler eingeführt und bezeichnen sehr glücklich den Unterschied im Verhalten der beiden entgegengesetzten obengenannten Typen.

Wegen der erhöhten Beachtung, die man augenblicklich dem Zusammenhang von körperlicher und seelischer Konstitution schenkt, mag auch hierüber noch einiges gesagt sein. Wir sind nicht in der glücklichen Lage, authentisches Bildmaterial verwerten zu können. Die älteste mir bekannte Darstellung Augustins ist ein Fresko aus dem sechsten Jahrhundert und trägt wie die meisten späteren Abbildungen des Heiligen die Merkmale des Schizothymikers, wie den schmalen Hochwuchs, Eiform des Gesichts, leichte Hypoplasie des Kinns. Doch ist mir nicht bekannt, auf welche Quelle diese Darstellungen zurückgehen, so daß wir also in der Verwertung dieser Ergebnisse sehr vorsichtig sein müssen.

Augustinus war körperlich kein Held. Er vertrug nicht viel, war aber zäh und ausdauernd. Von akuten Erkrankungen in der Kindheit, in Rom und in Hippo können wir absehen. In Mailand erkrankte er an einem Brustleiden wohl infolge der Ausübung seines Redner- und Lehrerberufs. Er hatte darunter in Cassiciacum viel zu leiden, mußte, wie er uns öfter berichtet, die Sitzungen zeitig deswegen abbrechen und auch das Weinen, das ihm damals so großes Bedürfnis war und schon bei kleinen Anlässen, wie dem eifersüchtigen Streit zweier Schüler, ausbrach, unterdrücken, weil es den Schmerz vermehrte, wie sein Gesundheitszustand ebensowenig damals eifriges Schreiben zuließ [14]). Aber auch später zeigte sich noch die Empfindlichkeit seines Körpers und seines Nervensystems. Aufregungen pflegten ihm auf den Magen zu schlagen, wie der Volksmund sagt [15]). Unzureichende körperliche Gesundheit (minus idonea valetudo corporis) verbietet es ihm, so leicht, wie andere es tun, die Mühsalen der Seefahrt auf sich zu nehmen [16]), wie er denn auch von Natur gegen Kälte sehr empfindlich war [17]). Nach den Angaben der Mauriner Biographen soll er infolge seiner zarten Konstitution mehr noch als durch seine Jahre gealtert sein [18]). Der Vollständigkeit halber mag noch er-

[14]) C. acad. 1, 1, 3 (I, 907); de ordin. 1, 2, 5 (I, 980); Soliloqu. 1, 14, 26; 1, 1; 13, 23 (I, 883, 869, 882); ep. 10, 1 (II, 74); u. Conf.

[15]) De ordin. 1, 10, 30 (I, 991).

[16]) Ep. 122, 1 (II, 470).

[17]) Ep. 124, 1 (II, 471).

[18]) Mauriner, Vita Aug. 4, 2, 6 (I, 222).

wähnt werden, daß er mit 43 Jahren an quälenden Stauungen der Enddarmvenen litt; in einem Brief berichtet er, daß er sich ins Bett legen mußte, weil die Schmerzen so heftig waren, daß er weder gehen noch stehen oder sitzen konnte [19]. In der Zeit kurz nach der Bekehrung, in der er entgegen seinem früheren Verhalten [20] mystischen Einflüssen besonders zugänglich war, berichtet er von einer wunderbaren Heilung von heftigstem Zahnweh, das auf Gebet, welches ihm allein noch Linderung zu bringen versprach, wie mit einem Schlage verschwand [21].

Bei der Bedeutung, die man in wissenschaftlichen und Laienkreisen dem Problem der Vererbung schenkt, kann man sich diesem hier nicht ganz entziehen. Wenn wir nun auch manche Einzelheiten über die Persönlichkeit der Eltern, besonders der Mutter, von Augustinus zu hören bekommen, so genügt das jedoch nicht, um uns ein ausreichend klares Bild machen zu können. Zudem ist doch zu bedenken, daß man mit der Kenntnis zweier Generationen nicht viel über Vererbung sagen, geschweige denn beweisen kann. Die Möglichkeit, daß große Erbkomplexe von Ahnen, die wir nicht kennen, in rezessivem Erbgang weitergegeben wurden und nun bei Augustinus zum Vorschein kommen, ist natürlich gegeben. Es wird also für unsere Auffassung und Arbeit nicht viel hierdurch gewonnen, ganz abgesehen davon, daß sie sehr problematisch bleiben müßte [22].

Lohnender wäre schon eine Untersuchung, wie weit sich verschiedene, durch ganze Generationen gezüchtete Traditionen in Augustin vereinigen und dadurch vielleicht die Entwicklung eines so genialen Menschen erst ermöglichten. Ist es nur Symbol, daß Augustinus als strahlende Leuchte zwischen zwei Welten und zwei Religionen steht? Hat die untergehende nicht auch in ihm noch ihr Heiligtum für die Nachwelt zu schönstem Glanze gebracht? Es wäre eine herrliche Aufgabe, den Elementen christlicher und heidnischer Tradition, römischen und numidischen Blutes in Augustin nachzugehen. War vielleicht erst durch

---

19) Ep. 38, 1 (II, 152).

20) Serm. 286, 5, 4 (V, 1297); Conf. 9, 7.

21) Solil. 1, 12, 21 (I, 880 f.); Conf. 9, 12.

22) Ich verweise hier auf meine Angaben über die Veranlagung des Vaters und besonders der Mutter (S. 4 ff.).

die Vereinigung des heißen, tropischen Blutes mit dem berechnenden klaren Sinn des italienischen Nordens, durch den Kampf zwischen römischer, nüchterner Diesseitseinstellung und christlichem Jenseitsverlangen das Fundament geschaffen, auf dem Augustin bis zu eisiger Höhe erwachsen sollte? Aber das sind alles nur Möglichkeiten, da wir bisher nicht sicher wissen, welcher großen Völkerfamilie Augustinus überhaupt angehörte. Seine Mutter hatte wohl sicher afrikanisches Blut in ihren Adern, war libyscher, maurischer oder numidischer Abstammung; ob vom Vater her römisches Erbgut kam, ist nicht gewiß. Der Name braucht nicht in diesem Sinne zu sprechen, wenn andere Zeichen dieser Annahme wohl auch günstig erscheinen [23]).

[23]) Vgl. v. Hertling 1902, S. 4 f.

Augustins Bedeutung.

Bisher haben wir uns stets um sachliche Darstellung bemüht, und es ist uns, wie ich hoffe, auch gelungen, selbst unbewußte und ungewollte Wertungen zu vermeiden. Ich möchte aber nicht schließen, ohne mit einem Worte auf die Bedeutung Augustins zurückzukommen. Könnte es doch scheinen, als ob wir bei dem Bemühen, Leben und Wirken des Heiligen aus seiner natürlichen Veranlagung und den Umwelteinflüssen verständlich zu entwickeln, der eigenen bewußten Tat Augustins vergessen hätten. Daß dem aber nicht so ist, versteht sich von selbst. So sehr seine bleibende Bedeutung in seiner Lehre liegt, der Lehre, die, wie besonders auch die Gnadenlehre als Ausfluß seiner Persönlichkeit erscheint, so sehr liegt seine Bedeutung als Mensch in der sittlichen Tat. Gewiß, auch sie ist durch seine Persönlichkeit beeinflußt, aber ohne die ungeheure Anspannung seines Willens wäre die sittliche Tat in der „Bekehrungsszene“ nie geboren worden, und würde er die Unterdrückung der Leidenschaft nie haben vollenden können. Ohne diese sittliche Willenstat aber wäre auch das ganze Lebenswerk Augustins in Frage gestellt. Was hätten ihm alle seine Fähigkeiten und vorzüglichen Eigenschaften genützt? Beachten wir doch seine fast völlige Unproduktivität vor seiner Einkehr! Das also ist und wird Augustin bleiben: Im asketischen Idealisten ein sittlicher Held. Das ist ganz sein Eigentum, das ist seine eigene Tat.

Literaturverzeichnis.

Augustinus Aur., Opera omnia in Patrol. lat. Ed. Migne 32—47.
Augustinus Aur., Opera omnia. Ed. monachor. OSB. e congr. St. Mauri Venet., 1—14.
Possidius, Vita St. Aur. Augustini. Migne 32.
Vita St. Aur. Augustini opera monachor. OSB. e c. St. Mauri. Migne 32.

Asslaber, P., Die persönlichen Beziehungen der drei großen Kirchenlehrer Ambrosius, Hieronymus und Augustinus. Wien 1908.
Bardenhewer, O., Geschichte der altkirchlichen Literatur 4, 1924.
Eibl, H., Augustin und die Patristik, München 1923.
v. Harnack, A., Augustins Konfessionen. Gießen 1887.
v. Harnack, A., Die Retraktationen Augustins. Sitzungsber. d. kgl. Pr. Akad. d. Wiss. 1905, 1096 ff.
v. Harnack, A., Lehrbuch der Dogmengeschichte. Tübingen 1910, 3.
v. Harnack, A., Dogmengeschichte, 6. Aufl. Tübingen 1922.
v. Hertling, G., Augustinus. Mainz 1902.
Hessen, J., Augustinus. Stuttgart 1924.
Mausbach, J., Die Ethik des hl. Augustinus. Freiburg 1909.
Naville, H.-A., Saint-Augustin. Genève 1872.
Rottmanner, O., OSB., Der Augustinismus. München 1892.
Scheel, O., Anschauungen Augustins über Christi Person und Werk. 1901.
Thimme, W., Augustins geistige Entwicklung in den Jahren nach seiner Bekehrung. Berlin 1908.
Weinand, H., Die Gottesidee, der Grundzug der Weltanschauung des hl. Augustinus. Paderborn 1910.
Wörter, F., Die Geistesentwicklung des hl. Augustinus bis zu seiner Taufe. Paderborn 1892.

Soweit als möglich wurden die Übersetzungen benutzt von:
v. Harnack, Augustin, Reflexionen und Maximen. Tübingen 1922.
v. Hertling, Die Bekenntnisse des hl. Augustinus. Freiburg, Herder.
Bibliothek der Kirchenväter. Kempten 1874.

Außer der Quelle selbst ist in ( ) noch der Fundort derselben in der Migneausgabe angegeben, und zwar bedeuten die römischen Ziffern den Band, die arabischen die Säulenzahl des betr. Augustinusbandes. Eine Ausnahme machen die Zitate aus den Konfessionen, für die hier ein für allemal angegeben sei, daß sie in Bd. I der Migneausgabe zu finden sind.

Otto Wigand'sche Buchdruckerei G. m. b. H. Leipzig

Kolibri 360 GmbH
Ferdinand-Jühlke-Straße 7
99095 Erfurt, Deutschland
produktsicherheit@kolibri360.de